maîtrisez
votre destin
par
l'esprit

Dr. JOSEPH
MURPHY

maîtrisez votre destin par l'esprit

FRANCE LOISIRS
123, Boulevard de Grenelle, Paris

Edition du Club France Loisirs, Paris,
avec l'autorisation des éditions Sand

THE MIRACLE OF MIND DYNAMICS
Original English language edition published by Prentice-Hall, Inc.,
Englewood-Cliffs, N.J.

Traduit de l'américain par le Dr Mary Sterling

Editions française et allemande aux Editions Ariston · Genève

Première édition en France sous le titre : *Le miracle de votre esprit*

ISBN 2-7242-4389-7

Table des matières

Préface

Ce livre est le résultat de plus de quarante ans d'un labeur de pionnier dans le domaine des lois mentales et spirituelles. Je l'ai écrit pour les rendre accessibles à chacun.

Pour qu'il vous soit aussi facile que possible d'obtenir des résultats par l'application de ces principes mentaux et spirituels, j'ai exposé en détail les méthodes et les techniques employées, en les illustrant d'exemples vécus. Dans presque tous les pays du monde, en Amérique, en Europe, en Afrique du Sud, aux Indes, en Australie, en Israël, j'ai enseigné ce que ce livre contient. J'ai fait des conférences et donné des cours. J'ai élaboré des programmes de radio, de télévision. A l'occasion de conversations, de consultations, par correspondance et par téléphone, des milliers de personnes m'ont informé des résultats miraculeux qui se manifestèrent dans leur vie par l'application de ces vérités de tous les temps que j'ai voulu clairement exposer dans les chapitres de cet ouvrage.

Ces témoignages portent sur :

— *La guérison de maladies prétendues incurables*

— *La libération complète d'un sentiment de culpabilité*

— *La prospérité et le succès dans les affaires, après avoir connu l'échec et l'insuccès*

— *Le moyen de rester en bonne santé, malgré les rechutes précédemment expérimentées*

— *Comment atteindre la source de l'abondance (alors qu'auparavant on ne savait comment « joindre les deux bouts »)*

— *La paix de l'esprit, au lieu de la discorde et du désarroi*

— *L'accomplissement de vos désirs, au lieu de la frustration*

— *Le bonheur conjugal au lieu de la haine, du ressentiment et de la menace d'un divorce*

— L'harmonie, dans les foyers et les bureaux où avaient existé la discorde et les querelles.

Les personnes qui se sont servi et qui ont bénéficié des lois mentales et spirituelles expliquées dans ce livre appartiennent, je le sais pertinemment, à toutes les dénominations religieuses; certaines se disent agnostiques, d'autres athées. De plus elles appartiennent à toutes les classes de la société et sont marquées par toutes sortes de situations pécuniaires. Il y a eu parmi elles des stars de cinéma, des écrivains, des médecins, des dentistes, des pharmaciens, des chefs d'entreprise, des professeurs d'université, des savants atomistes, des ingénieurs, des chauffeurs de taxi, des ménagères, des sténographes, des jardiniers, des femmes de chambre et des chauffeurs.

Ces personnes découvrirent qu'elles tenaient leur destinée dans leurs mains car — comme vous l'apprendrez dans ce livre — il est impossible de penser une chose et d'en produire une autre; ainsi, du penser exact, conforme à l'universelle loi d'harmonie, résulte une vie heureuse et féconde. Vous apprendrez ici que votre pensée est la clé de la vie car, tel un homme pense en son cœur, tel il est.

Ces personnes ont appris à mettre en application les lois de la vie, ce qui a enlevé à leur vie spirituelle tout élément de conjecture. Elles ont acquis la méthode scientifique de provoquer la santé, la richesse, l'affection et la beauté en apprenant à synchroniser leur esprit conscient et leur esprit subconscient.

Si vous voulez bien lire et appliquer les lois que ce livre énonce, vous pouvez obtenir la puissance nécessaire pour faire de votre vie une vie saine, joyeuse, et une remarquable réussite.

Cet ouvrage est écrit avec simplicité et clarté. Il vous montre comment accéder à la puissance personnelle qui surmonte la peur et bannit le souci et l'anxiété, vous ouvrant la voie vers une existence plus belle, plus noble, plus riche. A partir de cette page nous entreprenons ensemble la recherche du plus grand de tous les biens : la vie triomphante.

CHAPITRE PREMIER

Comment être et rester bien portant

« Je suis venu pour qu'ils aient la vie, et pour qu'ils l'aient plus abondante. »

La vie triomphante

Vous pouvez être en bonne santé et le rester pour conduire et maîtriser votre existence de telle sorte que vous viviez dans un merveilleux sentiment victorieux de santé et de vitalité.

Les hommes et les femmes s'éveillent peu à peu au fait que leur état physique est en grande partie déterminé par leurs émotions. Votre vie émotionnelle est réglée par la façon dont vous pensez.

L'année dernière, au cours d'une visite aux Bermudes, j'ai rencontré dans le hall de mon hôtel un homme qui me dit qu'il avait plus de quatre-vingt-dix ans. Vaillant, plein d'énergie vitale, d'entrain et d'enthousiasme, son visage reflétait la joie et la gaîté. Je lui demandai comment, à plus de quatre-vingt-dix ans, il pouvait être si vivant, si alerte et si énergique.

Il me répondit : « C'est très simple. Je refuse de me faire du souci et d'être sous pression. Je suis plein de bonne volonté envers tous les hommes, je n'entretiens aucune rancune, je me suis pardonné à moi-même et j'ai pardonné aux autres, je vis en Dieu sachant que Dieu vit en moi. Tous les matins en me levant, pendant quinze minutes, je déclare que Dieu déverse son énergie, sa puissance, sa force, sa joie, son amour et sa beauté dans chaque cellule de mon corps, rajeunissant et restaurant tout mon être. Je me remets en Lui et sa toute-puissance parcourt mes veines et mon âme. »

Cet homme n'a jamais été malade. Il n'observe aucun régime et je le vis manger tout ce qu'on lui servait à l'hôtel. Il dit que lorsqu'un homme absorbe avec joie sa nourriture et en rendant grâce, l'Intelligence Créatrice qui est en lui transforme cette nourriture en énergie vitale et en beauté.

Ces paroles me remirent en mémoire un passage des Ecritures : *Ceux qui se confient*[1] *en l'Eternel renouvellent leur force, ils prennent leur vol comme les aigles; ils courent et ne se lassent point, ils marchent et ne se fatiguent pas.* »

Attendre signifie que l'on tranquillise les rouages de l'esprit, que l'on se détend, que l'on se laisse aller pour se mettre à l'unisson de Dieu. Synchronisez votre esprit avec l'océan de la paix, de la vie et de l'amour de Dieu, et avancez au rythme du divin.

A l'unisson de l'Infini

Un moyen simple de se mettre à l'unisson de Dieu est de méditer lentement, tranquillement et avec amour les Psaumes 23, 27 et 91, en absorbant les vérités qu'ils contiennent. Vous entrerez ainsi en harmonie avec la force créatrice de l'univers.

Si vous voulez être en bonne santé et le demeurer, je vous suggère de vous intéresser, au premier chef, et profondément, aux grandes vérités éternelles de Dieu qui nous viennent des temps immémoriaux. Livrez-vous mentalement et émotionnellement à ce projet, travaillez-y, sachant qu'il est bon et qu'il va vous permettre d'être tout énergie vitale et enthousiasme.

Comment elle triompha de l'ennui

J'ai connu une femme d'environ cinquante ans, au sens chronologique. Elle s'ennuyait, elle était toujours lasse et cynique. Elle ne s'intéressait qu'à elle, ne parlait que de ses douleurs, de ses misères et de ses conflits. Je lui conseillai de se mettre d'elle-même en vacances. Cette personne s'usait, ses nerfs étaient tendus et il en résultait de l'insomnie. De plus, elle se désintégrait, se détériorait mentalement : en fait, se mourait.

Selon mes conseils, elle commença à faire de la botanique et se remit à la musique. Elle prit des leçons auprès d'un professeur remarquable qui l'encouragea. Elle s'absorba complètement dans la beauté des fleurs et transforma son jardin. On la pria de faire des causeries sur l'art floral et de la musique pour les invités de son mari. Avec un grand sentiment de joie cette dame libéra sa splendeur emprisonnée[2]. Elle apprit que lorsque l'esprit est perturbé, la merveilleuse technique de guérison consiste à s'absorber profondément, à s'intéresser à la nature où la beauté, l'ordre, la symétrie,

[1] Le texte anglais dit « wait », qui signifie à la fois attendre et servir. N.T.
[2] Allusion au poème de Robert Browning.

le rythme et la proportion prévalent. Lorsque l'esprit est projeté sur l'ordre et la beauté de la nature, il en est transformé et renouvelé; il en résulte la guérison.

Dans beaucoup d'hôpitaux, en Angleterre et ailleurs, on fait travailler les malades mentaux à la fabrication de jouets, de chaises; ils jardinent, plantent des fleurs. Cette activité manuelle leur transforme l'esprit et les rend à un état normal.

Le secret du retour à la santé

A San Francisco, il y a quelques mois, je rendis visite à un ami qui était hospitalisé. Il avait un rein infecté et le cœur fatigué. Il me dit : « Je ne vais pas rester ici longtemps. Je me vois constamment de retour à mon bureau et aussi chez moi, avec les miens. Je fais dans mon esprit toutes les choses que j'accomplirais si j'étais en parfaite santé. C'est mon droit divin d'être en bonne santé, et cette idée ne quitte pas mon esprit. J'ai un désir intense d'être bien portant, de le demeurer, et il en sera ainsi. »

Bien qu'on eût prévu un séjour de six semaines environ, cet homme ne resta à l'hôpital que dix jours. Son médecin le déclara en parfaite santé, lui disant : « Vous aviez un désir intense de guérir et la Nature vous a répondu. » Si vous voulez vous bien porter et rester bien portant, il faut que vous le vouliez de tout votre cœur, de toute votre âme; alors vous le serez et le demeurerez.

Trouver l'amour dominant

Ce même médecin [3] dit que le malade qui occupait la chambre voisine de celle de mon ami pouvait parfaitement guérir, mais que ce malade ne luttait pas pour vivre. Sa femme l'avait quitté. Il s'était mis à boire, avait fait faillite et perdu toute sa fortune : il acceptait sa maladie et voulait mourir.

J'allai parler à cet homme et j'appris que sa première femme était décédée, lui laissant un fils à présent âgé de dix ans. Il aimait profondément cet enfant. Je lui fis observer qu'il lui devait une éducation soignée et qu'il lui devait aussi sa sollicitude et sa tendresse et que, s'il l'aimait vraiment, il allait vivre pour lui. Je lui dis que tout jeune garçon a besoin d'un père

[3] En Angleterre et en Amérique, les médecins s'intéressent de plus en plus à la science de l'esprit, à la guérison par la pensée créatrice. N.T.

et qu'il tend à s'identifier aux qualités et aux caractéristiques de celui-ci. J'insistai sur la réalité de son amour pour son enfant et sur son devoir à son égard. Je ne tardai pas à observer en cet homme un nouvel élan de vie et le désir de guérir. J'appris par la suite qu'il s'était remis rapidement, parce qu'il voulait sincèrement être à même de réaliser son impérieux désir de créer un foyer neuf pour son fils et pour lui et de mettre ses talents au service de l'humanité.

Il se demandait pourquoi il n'était pas guéri

Je m'entretins récemment avec un homme qui se plaignait d'ulcères à l'estomac. Il me dit : « Jamais je n'ai pensé aux ulcères, pourquoi suis-je dans cet état ? »

Il est vrai qu'il ne pensait pas aux ulcères mais, depuis fort longtemps, il entretenait des pensées ulcérées de souci, de ressentiment, de haine et d'hostilité. La Bible dit : « *Tel un homme pense en son cœur, tel il est.* » L'esprit subconscient contrôle toutes les fonctions du corps et il est actif vingt-quatre heures par jour. Jamais il ne se repose, gouvernant toutes les fonctions vitales; les pensées, les sentiments et les croyances enfouies dans le subconscient représentent « le penser subconscient », le « penser du cœur ».

Cet homme était affable, aimable, amical et apparemment de bonne humeur. Mais au-dedans, dans les couches profondes de son esprit, il était semblable à un chaudron en ébullition, plein d'hostilité et de rage contenue. Réprimé, cet état bouillonnant était la cause de ses ulcères qui s'accompagnaient d'atroces douleurs.

Cependant il faisait de fréquentes affirmations telles que : « Je suis l'enfant parfait de Dieu. Je suis uni à Dieu et, par conséquent, je suis parfait », etc. Il s'étonnait de ne pas guérir. Je lui expliquai que le penser négatif et destructif tenace était cause de sa maladie. Il est vrai que l'esprit en lui est sain, parfait et libre, et que tous ses organes sont des idées de Dieu qui sont parfaites dans l'entendement de Dieu; néanmoins il ne pouvait guérir tant qu'il était plein de ressentiment et d'hostilité. Cet homme croyait que sa maladie était indépendante de son esprit, que les ulcères avaient pour cause un mauvais régime qui, sans doute, lui était fatal. Avec une telle attitude d'esprit, ses affirmations étaient sans valeur; dire « Je suis l'enfant parfait de Dieu » ne servait à rien.

Dès l'instant où vous accordez de la puissance aux microbes et aux causes externes, où vous pensez que le cancer a une intelligence et un pouvoir particuliers pour vous détruire, vos affirmations de perfection divine, d'intégrité et de vitalité ne portent aucun fruit.

Si au fond de vous-même vous croyez que le cancer peut vous tuer, il ne sert à rien de dire : « Dieu me guérit en ce moment. » Il faut que vous rejetiez la crainte de tous les états manifestés. Les ulcères, les cancers, l'arthrite, etc., sont des états extériorisés, manifestés, ce sont les résultats du penser conscient ou subconscient. Ces maladies n'ont ni intelligence ni pouvoir pour vous nuire ou vous détruire. Ce ne sont que les produits du penser négatif. En raisonnant ainsi, vous pouvez éliminer la peur; la confiance et la foi en la puissance curative de Dieu s'ensuivront. En changeant votre état d'esprit vous transformez votre corps, car le corps est de l'esprit condensé.

Un cancer rapidement guéri

Récemment je reçus d'un membre de notre organisation une lettre dans laquelle il me disait : « Mon cas a été diagnostiqué comme étant un cancer de la peau. Je me dis à moi-même : Je n'ai pas peur du cancer, je sais qu'il n'a pas de puissance. Je comprends que ce n'est que le produit du penser faux, il n'aura pas le pouvoir de persister. Cette apparence sur ma peau est sa dernière manifestation. A présent j'exalte Dieu en moi et je sais que mes pensées de santé parfaite, de beauté et de perfection doivent se manifester à la place du mal. J'ai persévéré dans cette attitude et le cancer a rapidement disparu. Je n'ai eu que deux séances de traitement à l'hôpital, alors qu'une longue période de soins avait été envisagée. »

Cet homme avait compris. Il effaça complètement de son esprit la peur du cancer, puis il affirma sa santé et sa perfection; il imagina que son médecin lui disait : « Vous êtes complètement guéri. » L'image qu'il maintint dans son esprit s'enfonça dans son subconscient où tout ce qui s'imprime s'exprime.

Le triomphe du footballeur blessé

Un joueur de football me dit un jour : « J'ai été blessé et, à l'hôpital, je suis resté six mois couché sur le dos. Pendant tout ce temps je m'imaginais

sur le terrain, jouant au football. Je vivais la scène et je sentais dans mon cœur que mon séjour à l'hôpital serait de courte durée. »
Ce garçon se remit remarquablement. La clé de sa guérison et de sa santé recouvrée fut que, encore incapable de se mouvoir, il ne cessa d'imaginer, dans le jeu de la vie, le fonctionnement parfait de son esprit et de son corps. S'il s'était dit en lui-même : « Je suis blessé, je suis incurable, mon état est sans espoir », il serait encore à l'hôpital. Il est raisonnable et logique que vous soyez bien portant et que vous le demeuriez. Il se peut que l'on ait à se servir pendant quelques semaines d'une béquille, mais si on sait dans son cœur qu'on est guéri, on le sera.

Remarquable guérison d'une victime de la poliomyélite

En Israël j'ai rencontré il y a quelques années à l'Université hébraïque un homme qui me conta que, lorsqu'il avait environ huit ans, il avait été atteint de poliomyélite et que son père lui avait déclaré qu'il serait infirme toute sa vie. Autrement dit, son père et sa mère avaient accepté la défaite, ils avaient décrété son état incurable et sans espoir.
Cependant un jour un jeune médecin américain, ami de son père, rendit visite à sa famille et lui dit : « Mon petit, tu peux marcher. Tu es jeune, tu as le monde devant toi. »
Se tournant vers le père, ce médecin précisa : « Que ce garçon fasse l'effort de se servir de ses mains et de ses genoux et qu'il aille manger à table. Et laissez-le ramper jusqu'à son lit. » Le médecin conseilla ensuite au père de donner à son fils une bicyclette, de le mettre en selle et de l'obliger à se servir de ses jambes comme il le pourrait. Le père acheta une bicyclette et pendant des heures, chaque jour, il veilla à l'exécution de l'exercice, encourageant son fils et l'aidant à faire fonctionner les muscles atrophiés de ses jambes. Au bout de plusieurs mois l'enfant commença à se servir de sa jambe droite, puis de la gauche. Au bout de six mois, il était à même d'aller tout seul à bicyclette et ce fut, dit-il, le plus grand moment de sa vie.
Profondément attaché au côté spirituel de la vie, cet homme respirait la santé physique et mentale. Il me dit : « Le Dieu qui créa mes jambes et mes bras les guérit. L'esprit en moi maîtrise mon corps et il est la seule présence curative. »
Dieu, pour lui, c'est l'entendement universel, la vie, l'esprit qui anime tout son être. Ainsi votre corps se recrée à chaque seconde, il devient la matérialisation de votre pensée.

Votre chirurgien peut enlever le blocage, l'ulcère ou la tumeur maligne, qui résulte d'un penser négatif, mais à moins que vous ne changiez votre penser, vous n'aurez pas de guérison durable.

Prenez votre lit et marchez triomphalement

Toutes les qualités et tous les pouvoirs de Dieu sont en vous. Levez-vous, prenez votre lit et marchez, autrement dit : appropriez-vous la vérité de Dieu et avancez-vous libre dans Sa lumière et Sa gloire. Avec une vision nouvelle, un esprit nouveau, marchez comme la petite victime de la poliomyélite. Votre corps suivra votre vision, votre image mentale. Vous vivez là où est votre vision. Votre vision, soutenue par la foi et intensément maintenue, s'objectivera sur l'écran de l'espace. Il faut que vous veilliez constamment aux prototypes qui sont présentés à votre esprit conscient. Si vous êtes négligent, indolent, paresseux et apathique, vous permettez aux pensées et aux imaginations de l'entendement collectif de pénétrer dans votre esprit. Il sera contaminé par les images déformées et morbides de l'entendement ignorant du monde.

L'entendement collectif croit à la limitation, aux désastres, aux malheurs, aux accidents, à la mort, à la maladie comme étant indépendants de l'esprit de l'homme. D'où la nécessité de la prière, de la communion régulière avec Dieu et celle de remplir votre esprit des éternelles vérités de Dieu qui ne changent pas. C'est ainsi que des convictions sont établies contre toutes les fausses croyances de l'entendement racial.

Vous êtes un enfant de Dieu et destiné à devenir ce que Dieu entend que vous soyez — un homme heureux, un homme joyeux, un homme paisible qui entre, comme dit Paul, dans la glorieuse liberté des fils de Dieu. Toute la puissance, toute la sagesse de Dieu sont en vous, vous permettant de vous élever au-dessus de tous les problèmes, vous conférant la complète maîtrise sur votre vie. Elle est la vie de Dieu et votre esprit est l'esprit de Dieu. C'est pourquoi vous êtes éternel, vous vivrez à jamais. Ainsi que tous les hommes, vous vous éveillerez un jour à la transcendante gloire de votre Etre Divin et vous vous verrez tel que Dieu vous voit à présent — un homme parfait.

Revêtez-vous mentalement de majesté et de puissance et prenez conscience de votre union avec Dieu. Imaginez votre santé, votre bonheur et votre liberté. Marchez dans la lumière de Dieu, sachant qu'il éclaire vos pas en tout temps. Soyez la voie qui permet à Dieu de s'exprimer, jouant avec les cordes de votre cœur. « Mon fils, tu es toujours avec moi, et tout ce que j'ai est à toi. » (Luc 15 : 31).

Revue des points principaux

1. Vous pouvez vivre une vie triomphante en ouvrant fréquemment votre esprit et votre cœur à l'influx de la puissance, de la joie, de la force et de la sagesse de Dieu.

2. Pour être en bonne santé et le rester, livrez-vous mentalement et émotionnellement à votre projet, travaillez-y et vous serez plein d'énergie et de vitalité.

3. Vous pouvez triompher de l'ennui en libérant vos pouvoirs intérieurs, en vous absorbant, en vous intéressant intensément aux vérités de Dieu, en contribuant au bien-être de la société et en partageant avec autrui vos talents, votre affection et votre amitié.

4. Lorsque vous aurez le désir intense d'être bien portant et de le demeurer, vous le serez.

5. Lorsqu'un être n'a pas le désir de vivre, efforcez-vous de trouver l'amour qui le domine et jouez là-dessus; vous lui donnerez un goût nouveau pour la vie.

6. Ce n'est pas seulement parce que vous penserez aux ulcères que vous en aurez, mais c'est aussi parce que vous nourrirez des pensées ulcérées faites de souci, de ressentiment, de haine et d'hostilité.

7. Pour guérir une tumeur maligne, il faut vider votre esprit de toute crainte et prendre conscience de ce qu'elle est le produit du penser faux; tandis que vous changerez vos pensées, vous transformerez votre corps.

8. La clé de la guérison rapide, c'est prendre conscience de ce que la maladie n'est que temporaire puis, avec intensité, c'est vous imaginer revenu à votre activité habituelle.

9. Même s'il est paralysé, prenez conscience de ce que l'Intelligence Infinie qui créa votre corps peut le guérir, puis persévérez mentalement et physiquement : le miracle s'accomplira.

10. Votre corps suivra votre vision mentale. Vous allez là où est votre vision.

CHAPITRE II

Branchez-vous sur la source du bonheur

Emerson dit : « Tous les hommes qui ont réussi s'accordent à en être la propre cause. » Il pense en effet que les choses ne se font pas par chance, mais par l'effet d'une loi, et qu'il n'y a aucun maillon défaillant dans la chaîne qui relie la première à la dernière des choses — la cause à l'effet. Les hommes légers croient à la chance, les hommes sages et forts croient à la cause et à l'effet.

La grande loi de la vie

La loi de la vie est la loi de la croyance. Tout ce que vous acceptez mentalement et que vous sentez vrai va se manifester. Sachant que tout ce que vous imprimez dans votre subconscient va s'exprimer dans votre vie, apprenez à croire au travail de votre esprit subconscient. La façon dont vous pensez vraiment, au fond de votre cœur, va gouverner toutes les phases de votre vie.

Croyez à la réussite, vous l'aurez. Il attend toujours que quelque chose arrive, l'homme qui croit que la chance gouverne sa destinée. Il reste au lit, espérant que le facteur va lui apporter la nouvelle d'un legs ou qu'il a gagné à la loterie. Par son attitude mentale l'homme sage forme, compose, construit son avenir. Il sait qu'il est né pour réussir, qu'il a tout ce qu'il faut pour être gagnant et, armé d'une plume ou d'un marteau, il pose les bases d'une œuvre. Il est industrieux, zélé et diligent dans son activité et il siffle en travaillant. Celui qui s'en remet à la chance se plaint, se lamente et soupire. L'autre se fonde sur le caractère, car le caractère c'est la destinée.

Soyez alerte et vivant

Mark Twain dit : « La fortune frappe à la porte de tout homme mais, dans bien des cas, il est au café voisin et ne l'entend pas. » L'homme doit être alerte, vivant, sur le *qui-vive*. Pour en tirer profit, il doit saisir les occasions qui sont tout autour de lui. Il ne doit pas s'attendre à être récompensé pour l'indolence, l'apathie et le travail mal fait.

Cause et effet sont un

L'aphorisme « *Tel un homme pense en son cœur, tel il est* » énonce et annonce toutes les expériences et toutes les conditions de sa vie. L'homme est ce qu'il pense tout au long de la journée et son caractère est la totalité de son penser. La cause et l'effet sont aussi absolus et inéluctables dans le domaine caché de la pensée que dans le monde visible des choses matérielles. Les joies et les souffrances de l'homme sont les reflets de son penser habituel; c'est ainsi qu'il récolte dans sa vie les expériences douces et aussi les amères.

Pour accéder au bonheur, à la réussite, prenez conscience de ce que vous êtes le maître de vos conditions, de vos expériences, des événements : vous les façonnez. Chaque pensée que vous sentez vraie dans votre esprit conscient va prendre racine dans votre esprit subconscient, se prolonger tôt ou tard dans l'action et porter ses fruits. Les bonnes pensées, les pensées justes vont porter de bons fruits, les mauvaises de mauvais fruits.

Ce n'est point un destin cruel qui envoie un homme en prison ou à l'hospice; il s'y rend par le chemin des pensées vicieuses, destructrices ou criminelles cultivées dans son cœur. Lorsque, dans son esprit subconscient, ces pensées atteignent un point de saturation, elles sont précipitées dans son expérience extérieure et vécue, formées à l'image et à la ressemblance de son penser négatif.

Il disait que la malchance le poursuivait

Je connais un brillant jeune homme, diplômé d'une grande école, qui me dit qu'une malchance tenace le poursuivait. Il avait successivement perdu quatre situations. En lui parlant, je découvris l'une des raisons de ces renvois : il ne parvenait pas à s'entendre avec les autres employés. De plus il travaillait sans ardeur et s'estimait libre de tromper son patron parce qu'il trouvait ses talents insuffisamment appréciés. En fait, par son attitude critique, ce jeune homme se privait de chaque situation; plein de ressentiment envers tous, reprochant aux autres employés leur froideur, leur dureté et leur indifférence, il parlait de chacune de ses places comme d'une « société sans âme ».

Cet homme apprit à projeter l'amour, la bonne volonté et la joie sur ses camarades et ses supérieurs. Il se mit à coopérer avec ses collègues et à penser bien, à sentir bien et à bien agir.

Son univers se transforma. Il comprend maintenant qu'il est l'artisan de son propre bonheur.

Pourquoi les prétendus bons souffrent-ils ?

Il y a quelque temps je reçus d'une dame une lettre où elle me demandait : « Comment se fait-il que certaines personnes qui sont honnêtes et bonnes souffrent tant, et que tant de méchants soient prospères ? » Je ne sais au juste ce que cette personne entend par « bon », peut-être a-t-elle un point de vue superficiel et se dit-elle que ces hommes « bons » et « honnêtes » vont à l'église, sont probes dans leurs affaires, bienveillants envers leurs voisins, généreux pour les œuvres charitables, affectueux vis-à-vis de leur femme et de leur famille, qu'ils pratiquent leur religion. Et peut-être entend-elle par « mauvais » que les autres sont irreligieux, qu'ils trompent et volent leur prochain, se livrent à la boisson et nient Dieu ou toute Puissance supérieure. Si tel est le cas, cette personne manque de profondeur. L'homme qu'on appelle mauvais peut croire au succès, à la prospérité et à la santé; et il lui est donné selon sa foi. La loi ne respecte pas les personnes. Le soleil luit sur les justes et sur les injustes, la loi n'a point de morale. Si un assassin sait nager, l'eau le soutiendra autant qu'un saint homme. Comme un être spirituellement illuminé, un bandit respire aussi l'air pur. L'homme qu'on appelle honnête et bon peut en secret entretenir des pensées odieuses, vicieuses, pleines de haine, s'attirant ainsi les souffrances que son penser secret et destructeur produit. Vous ne voyez pas les peurs, les rancunes, les ressentiments, les haines et les jalousies secrètes des autres; ne regardant que l'extérieur, vous êtes prompt à juger sur ces apparences. Ce qui importe, ce n'est point ce qu'un homme fait extérieurement pour se faire valoir et s'attirer la récompense des autres. Ce qui compte, c'est le mouvement de son cœur. C'est ce qu'il pense, ce qu'il sent et ce qu'il croit au fond de son cœur, non ce qu'il fait profession de croire. C'est ainsi qu'un homme peut observer toutes les ordonnances, toutes les règles et tous les rites de son église, être toujours présent à ses cérémonies, distribuer des bonbons aux enfants, des aumônes aux aveugles, visiter les malades, faire en un mot tout ce qui est considéré comme « bon » d'un point de vue extérieur, mais non pas du point de vue de Dieu et de sa loi qui est : *« Tel un homme pense en son cœur, tel il est ».*

Un dur labeur n'est point garant de la richesse et du succès

Un homme peut travailler très dur quatorze ou seize heures par jour, mais s'il vit dans la crainte de l'échec ou s'il est animé d'un complexe de culpabilité, estimant qu'il devrait être puni, il lui sera fait selon ce qu'il croit. La loi de la vie est une loi de croyance. Un homme peut être, du point de vue du monde, tout à fait malhonnête en certaines circonstances et même nier la présence de Dieu, cependant aucune loi ne s'oppose à ce qu'il acquière la fortune, à condition qu'il croie à sa réussite et à sa richesse. Alors il lui est fait selon sa croyance. L'homme malhonnête ou l'homme méchant récolte des souffrances et le résultat de son penser tout comme l'homme honnête et que l'on appelle bon. *La grande loi est absolument juste et ne peut donner le bien pour le mal et le mal pour le bien.* En fin de compte, le mal se détruit lui-même.

Ne vous inquiétez pas des méchants

« Les moulins des dieux moulent lentement, mais ils moulent extrêmement fin. » — « La vengeance m'appartient, dit l'Eternel, je rétribuerai. » Souvenez-vous que votre subconscient, qui dans la Bible est appelé « la Loi », est semblable à un disque qui reproduit les sons enregistrés. C'est pourquoi on vous dit de ne pas vous inquiéter des méchants, de ceux qui commettent l'iniquité. Selon l'usage qu'ils en font, leur propre subconscient réagit négativement ou positivement. Voici ce qui importe : Servez-vous de votre esprit constructivement et harmonieusement et ne vous inquiétez pas des autres, si ce n'est pour leur vouloir du bien.

Elevez vos regards

Que vos rêves soient élevés, ayez des idéaux et comprenez, sachez que vous allez là où est votre vision. Chérissez la vision de ce que vous voulez être et cessez de geindre, de murmurer et de gémir au sujet de la chance, bonne ou mauvaise. Nourrissez votre idéal, ressentez-en la mélodie qui émeut votre cœur et contemplez l'indescriptible beauté de Dieu et dc la Nature et celle qui enveloppe vos pensées les plus pures, car de ces fréquentes visions de votre esprit sortiront les plus belles expériences, les conditions les meilleures. Votre vision est une promesse certaine de ce qui sera un jour votre idéal, la prophétie de ce qu'enfin vous découvrirez.

Le chêne dort dans le gland, le séquoia géant dans sa minuscule semence, l'oiseau attend dans l'œuf et Dieu attend son accomplissement dans l'homme. Vous gravitez toujours vers ce que secrètement vous aimez le plus. Vous rencontrerez dans la vie des reproductions exactes de vos pensées. Il n'y a ni chance, ni coïncidence, ni accident dans un monde qui est régi par la loi et par l'ordre divin. Vous vous élèverez aussi haut que votre aspiration dominante et vous descendrez au niveau du plus bas concept que vous entretenez de vous-même.

Vous façonnez votre propre destinée

Celui qui ne pense pas constructivement, harmonieusement et paisiblement et qui est indolent et paresseux, ne regardant que la surface des choses, celui-là parlera de la chance, de la bonne fortune. C'est pourquoi vous entendez des gens dire : « Il en a de la chance ! Quelle veine il a ! »

Regardant une merveilleuse patineuse parvenue à la maîtrise de son art, vous pouvez dire : « Elle en a de la chance ! » Mais vous oubliez ses premiers échecs, ses chutes, ses blessures et les sacrifices qu'elle a consentis, vous oubliez les longues heures d'exercices ardus et l'entraînement auquel elle s'est soumise afin d'atteindre son but et de réjouir ainsi votre vue. Beaucoup de personnes ne comprennent pas ce processus et ne perçoivent que les résultats, qu'elles appellent « la chance ».

Comment créer la chance pour vous-même

Voici un exemple de ce qu'on appelle « la chance ». Une jeune femme vint me consulter au sujet d'un problème. Au cours de notre conversation elle m'apprit qu'elle cherchait un poste de secrétaire auprès d'un praticien de la science de l'esprit. Le jour même je l'engageai comme secrétaire privée. Elle dit : « C'est mon jour de chance ! » C'était, en effet, l'accomplissement de la loi, car cette jeune femme avait prié de la façon suivante : « L'Intelligence Infinie connaît mes talents et me révèle la situation idéale dans laquelle je pourrai exprimer toutes mes possibilités et recevoir une merveilleuse rémunération. » Son esprit profond, son subconscient, ou sa subconscience, pleine de sagesse et d'intelligence, agit selon sa requête et nous réunit dans l'ordre divin.

Toute rencontre avec toute personne dans toutes les parties du monde peut être pleine de possibilités et de bien. La prière favorite de la jeune femme dont nous parlions est : « *Tout concourt au bien de ceux qui aiment Dieu.* » Elle croit à la présence spirituelle qui est en elle, qui prendra toujours soin d'elle et qui la fera marcher sur la route du bonheur, de la liberté et de la paix de l'esprit.

Un mauvais esprit le poursuivait

J'ai connu un homme qui paraissait très croyant; c'était un pilier de son église, dont il observait tous les rites et toutes les cérémonies. Néanmoins il croyait être poursuivi par un esprit mauvais et cette crainte le faisait souffrir les tourments des damnés. Il était sans cesse victime d'accidents, sa voiture fut volée, puis le feu éclata dans son magasin et enfin sa femme le quitta pour épouser un autre homme. Après quoi son fils abandonna le foyer et refusa de le voir.

Je lui expliquai que sa croyance en un mauvais esprit qui le pourchassait était la cause de tous ses malheurs et qu'il fallait qu'il se mît à croire à l'harmonie de Dieu, à la bonté de la vie, à la direction de Dieu et à son amour pour lui. Je lui dis qu'il avait été créé pour vaincre et pour conquérir et qu'à partir de ce moment il devait apprendre à croire à l'action juste, au succès; alors la sagesse de Dieu gouvernerait toutes ses actions.

A mesure que cet homme changeait d'attitude mentale, sa vie se transformait; au lieu de malheurs, il est à présent contraint d'exprimer le bonheur et le succès. Il a durement appris que, quels que soient les ordres que nous donnons à notre subconscient, ils seront exécutés. Si vous dites à votre subconscient qu'un mauvais esprit ou que le malheur vous suivent, il va à sa façon accumuler sur votre route les difficultés, les obstacles et toutes sortes d'ennuis.

L'adversité porte le germe de la bonne occasion

Si fâcheuse que soit une situation, vous pouvez la retourner à votre profit. Pour monter plus haut, vous pouvez vous servir de tous les problèmes afin qu'ils servent votre vie. « Dans toute adversité il y a le germe de la bonne occasion. » Feu le Dr Harry Gaze racontait l'histoire de Dan Morgan, prédicateur éminent qui se rendit un dimanche soir dans une petite ville de la Nouvelle-Angleterre; à l'église il devait rassembler les fonds nécessaires à une œuvre de bienfaisance. Un effroyable orage se déclara et la neige et le verglas étaient tels que personne ne songeait à quitter sa maison. Le prédicateur décida de braver les intempéries, bien qu'il doutât de voir quiconque apparaître à l'église. Il la trouva vide. Enfin deux vieilles dames entrèrent et prirent place. Dan Morgan se dit : « Je suis venu ici pour parler et je parlerai. » Le Dr Gaze racontait qu'il fit une remarquable conférence et qu'une des deux dames lui remit 15 000 dollars ! Sur quoi sa compagne déclara : « Eh bien ! si c'est pour une bonne cause et si vous pouvez donner 15 000 dollars, je vais en faire autant. » Dan Morgan rapporta de cette réunion plus d'argent que d'aucune autre conférence de sa tournée.

De merveilleuses surprises attendent partout

Si, lorsque vous êtes en difficulté, vous pensez, priez et agissez de façon spirituelle, vous en sortirez victorieux. Une jeune fille qui suit mes cours m'a dit être persuadée qu'elle sera toujours merveilleusement surprise partout où elle ira. De fait elle a, au cours de ses voyages, des expériences aussi surprenantes qu'agréables. Elle a imprégné son subconscient de cette idée répétée et il lui répond en conséquence. Autrement dit, elle a conditionné son subconscient à la bonne fortune.

En vue d'obtenir une situation, quinze jeunes gens attendaient d'être reçus. Le dernier arrivé écrivit une note au directeur de la maison : « Monsieur, n'engagez personne avant de m'avoir vu. » Il fut agréé. Ce garçon s'était servi de son intelligence et avait fait confiance à sa puissance intérieure pour qu'elle l'aidât et fît ce qu'il fallait. Ni chance ni hasard n'intervinrent, ceci fut la réaction de son subconscient à sa foi.

Il sauva une vie et ne reçut point de remerciements

Bien qu'il eût risqué sa vie lors d'un naufrage, un homme se plaignit à moi de ce que celui qu'il avait sauvé de la noyade ne l'eût ni remercié ni récompensé. Je lui expliquai qu'il avait bien agi et que la vie se chargerait de le récompenser, mais qu'il ne devait pas s'attendre à ce que ce fût par le truchement d'une personne déterminée. Votre bien ne vous vient pas toujours de la source pour laquelle vous avez dépensé votre effort ou votre argent.

Comment à présent recevoir votre bien

« Lancez dans le Nil un homme chanceux, il remontera avec un poisson dans la bouche ! » dit un proverbe arabe. Par la foi en Dieu et dans le bien, vous pouvez tirer profit de toutes les situations et croître en sagesse et en force. Vous pouvez recevoir votre bien en rentrant en vous-même et dans votre conscience d'être en revendiquant ce que vous voulez. Sentez-le, réjouissez-vous-en et l'esprit qui est en vous fera droit à votre requête. Savoir que, pour ce que vous voulez, vous pouvez vous adresser à l'esprit qui vous anime et que vous allez le recevoir écarte de votre esprit la colère, la haine, le mauvais vouloir et le ressentiment.

Emerson dit : « Le soi suprême a besoin d'un organe là où je suis, sinon je ne serais pas là. » Vous êtes un organe de Dieu et Dieu a besoin de vous; il veut exprimer à travers vous sa puissance et sa sagesse. Pensez maintenant à vous-même en termes de votre union avec Dieu, sachez que tout problème est divinement résolu; vous serez toujours victorieux et triomphant.

Laissez Dieu vous parler

Soyez alerte et vivant, sentez-vous vivifié par le Saint-Esprit qui est en vous. Sachez que Dieu mettra toujours dans votre bouche les paroles qu'il faudra et que ce seront celles qui conviendront dans toutes les situations. Un jour mon père se tenait sur un pont quand un homme qui l'avait rejoint lui dit : « Dieu m'a dit de vous jeter par-dessus ce pont dans la rivière. » Mon père comprit qu'il avait affaire à un fou et répondit calmement : « Dieu peut faire toutes choses, mais ne serait-il pas plus intéressant de descendre au bord de la rivière et de m'y jeter ? » Le fou acquiesça et lorsqu'ils arrivèrent au bord de l'eau, mon père l'y jeta et s'enfuit. Le malade fut sauvé par des rameurs qui le remirent à la police. Ce fait démontre une grande présence d'esprit de la part de mon père qui savait que, lorsqu'il y a danger, il y a toujours un moyen d'y échapper, une sortie hors de toutes les difficultés.

« Un avec Dieu est une majorité. » — « Si Dieu est pour vous, qui sera contre vous ? » Croyez cela de tout votre cœur et tout concourra à votre bien, votre vie sera remplie de joie et de bonheur.

Révision des points importants

1. La loi de la vie est la loi de la croyance. Croire à quelque chose, c'est l'accepter comme vrai, car tout ce que vous acceptez mentalement et sentez être vrai va se réaliser.

2. Les bonnes occasions sont tout autour de vous. Apprenez à en tirer profit. Soyez alerte, soyez vivant.

3. Les joies et les souffrances d'un homme sont les réflexions de son penser habituel.

4. Le secret de la bonne ou de la mauvaise fortune, c'est : penser juste, sentir juste, bien agir, être juste.

5. Ce n'est pas ce que vos lèvres professent qui importe. C'est ce que vous croyez vraiment au fond de votre cœur.

6. Ne vous souciez pas des méchants, leur propre subconscient réagit négativement ou positivement selon l'usage qu'ils en font.

7. Votre vision est une promesse certaine de ce que vous serez un jour et votre idéal la prophétie de ce qu'enfin vous découvrirez.

8. Beaucoup de personnes ne comprennent pas le processus et ne perçoivent que le résultat qu'elle appellent « la chance ».

9. Prenez conscience de ce que toute rencontre dans toutes les parties du monde peut être pleine de possibilités et de bien.

10. Donnez à votre subconscient des ordres convenables. Si vous affirmez qu'un mauvais esprit ou que la malchance vous poursuit, votre subconscient suivra vos ordres et amènera dans votre vie toutes sortes d'ennuis.

11. Toute adversité porte le germe de la bonne occasion.

12. La répétition constante de l'idée de la bonne fortune sera acceptée par votre esprit subconscient et cette bonne fortune se réalisera.

13. La bonne fortune est la réaction de votre subconscient à votre croyance en la bonne fortune.

14. N'attendez pas votre récompense d'une personne en particulier. La vie vous récompensera largement.

15. Tout problème peut être divinement résolu, voilà pourquoi vous pouvez mener une vie triomphante.

16. Si Dieu est pour vous, qui sera contre vous ? Croyez-le et toutes les choses concourront à votre bien.

CHAPITRE III

Quelle est la grande duperie ?

Selon le dictionnaire, la duperie est le fait de tromper ou d'être trompé, ce qui trompe ou ce qui est fait dans le but de tromper. Nos yeux nous trompent fréquemment — nous l'expliquerons par la suite. Nous voyons le soleil, la lune, les étoiles, nous nous voyons les uns les autres au moyen de nos yeux qui fonctionnent à la manière d'un appareil photographique. Les physiologistes nous disent que lorsque nous regardons un arbre, son image renversée se reflète sur notre rétine qui la transmet aux centres cervicaux. Ces réactions sont appelées « impressions visuelles ». Le physiologiste dit que nous voyons donc avec notre cerveau. Vous savez que vous voyez avec votre esprit. La vision est spirituelle, éternelle et indestructible. Vous voyez dans vos rêves et vous voyez des couleurs lorsque vos yeux sont fermés. De plus, la faculté de clairvoyance est en chacun de nous, bien que plus développée en certains qui peuvent lire les yeux bandés.
Vous êtes fréquemment trompé par ce que vous voyez. Par exemple, un bâton immergé dans l'eau a l'air d'être brisé. Lorsque vous vous tenez sur une voie de chemin de fer, les deux lignes parallèles des rails semblent se rejoindre au loin. Les formes blanches paraissent plus grandes que les formes noires. Parce qu'il ne voit que la surface des faits, votre œil vous présente souvent un état déformé de l'existence. Les gens disent : « Le soleil se lève et se couche », mais en fait il ne se couche ni ne se lève. Nous ne voyons rien de ce qui est réel parce que nos yeux sont constitués pour voir selon nos croyances. Un avion semble se mouvoir en ligne droite, mais en réalité il suit un axe géométrique. La lame dont l'homme se sert pour se raser paraît très tranchante et droite; pourtant, vue au microscope, elle présente une ligne ondulée. Un morceau d'acier paraît solide, mais les rayons X révèlent qu'il est poreux et qu'en réalité il est composé de trillions d'univers animés, chacun ayant un mouvement extraordinairement rapide,

cependant sans contact physique avec les autres. Si, avec une loupe, vous regardez une photographie de votre mère, son visage vous apparaît comme une succession de points gris, blancs et noirs, selon que le papier est gris, noir ou blanc. Le portrait de votre mère disparaît ! Il n'existait que parce que vos yeux étaient à un niveau à trois dimensions, à l'échelle de votre observation accoutumée. En regardant une lame de rasoir avec les yeux de la science, nous voyons des électrons en perpétuel mouvement qui voyagent au rythme de plusieurs milliers de kilomètres à la seconde.

Les témoignages de vos cinq sens sont-ils vrais ?

J'ai indiqué ces choses pour que vous preniez conscience de ce qu'elles ne sont pas ce qu'elles semblent être. Avez-vous mis en question la validité et la vérité des diverses idées et suggestions qui vous sont présentées au cours de la journée ? Vos cinq sens vous apportent du monde extérieur des rapports qui ne sont pas toujours vrais, mais qui sont souvent nuisibles et destructeurs. Des pensées qu'avec émotion vous acceptez comme étant vraies pénètrent dans votre subconscient et, selon leur nature, produisent des effets sur votre corps et sur vos affaires.

Il perdait la vue

Voici comment un jeune homme fut trompé. Il perdait peu à peu la vue et son médecin lui conseilla d'abandonner son métier de tailleur, qui était une vocation, et de prendre un travail moins ardu. Les ophtalmologistes ne trouvaient rien d'anormal dans le fond de l'œil et pensaient que son état pouvait être d'origine émotionnelle. Ce jeune homme, parce qu'il cousait toute la journée, incriminait son travail de sa fatigue visuelle. Mais la cause véritable de son mal était ailleurs : il voulait exclure sa femme de son univers. Il dit qu'elle ne cessait de le harceler et qu'il avait horreur de rentrer chez lui. Pour me parler d'elle, il se servait fréquemment de ces expressions : « Je déteste sa vue », « Je ne puis supporter de la regarder », « Je ne vois pas comment m'en sortir, car j'ai deux enfants qui ont besoin d'elle », « Elle ne veut pas divorcer et moi je veux les enfants ». Comme autant de requêtes, son subconscient acceptait ces sentiments et ces déclarations et répondait en obstruant sa vision de sorte qu'il ne puisse voir.
Je réunis cet homme et cette femme et je leur expliquai le fonctionnement de l'esprit. L'épouse, ayant compris, coopéra avec nous en cessant de har-

celer son mari et ils prièrent ensemble, chacun voyant Dieu dans l'autre. Ils se parlèrent avec bonté et affection. Ils prièrent ensemble matin et soir, faisant alterner plusieurs Psaumes (les 23e, 27e, 91e et 100e) avec les méditations de mon livre *Quiet Moments with God* [4] qui réunit soixante prières spéciales. Au bout d'un mois, la vue du mari était redevenue normale. Cet homme s'était trompé lui-mêmc cn accusant son travail alors que la véritable cause de son mal se trouvait dans ses émotions négatives et destructrices.

Il accusait l'hérédité et la nourriture

Il y a quelques mois je bavardais avec un homme qui s'était soumis à des cures de repos et à un régime spécial afin de vaincre une colite dont il souffrait depuis plusieurs années. Il se trompait lui-même en tenant l'hérédité et la nourriture pour les causes de son mal. Il me dit : « La colite est une maladie de famille : ma grand-mère et ma mère en ont souffert et je suis sûr que ma nourriture entre aussi en ligne de compte. » Je fis observer à cet homme que le Dr Flauders Dunbar, qui fit autorité en médecine psychosomatique, rapporte que l'étude de nombreux cas de colite dans un hôpital de New York avait montré que les hommes qui en étaient atteints étaient liés à leur mère et que, dans toute leur existence, ils n'en avaient jamais été séparés plus de trente jours. Aucun de ces hommes n'était marié et le début de leur colite avait pour origine un conflit entre le lien maternel et le désir du mariage.

Tel était le conflit de l'homme auquel je parlais; de plus, il avait un profond ressentiment envers sa mère qui critiquait toutes les jeunes filles qu'il lui présentait. J'appris qu'il était très épris d'une personne fort douée spirituellement mais qu'il hésitait à l'épouser, ne voulant pas contrarier sa mère.

La solution à son mal fut bien simple. Il décida de se marier et acheta à sa femme une maison. Une fois pour toutes il coupa le cordon ombilical tout en projetant l'amour et la bonne volonté envers sa mère et en lui souhaitant toutes les bénédictions du Ciel; mais il l'informa que, désormais, sa femme prenait dans sa vie la première place. Pendant des années cet homme s'était trompé lui-même, ne comprenant pas que la cause de sa maladie était purement émotionnelle, due au foyer d'infection que constituait son ressentiment, dans les profondeurs de son âme. Cet homme ne

[4] Traduit en français sous le titre *Dans le Silence*. N.T.

s'était pas délibérément donné une colite, son mal était venu par accumulation de son penser négatif et destructeur.
Le subconscient est une loi. Il dispose, en des prototypes complexes, toutes les pensées qu'on y dépose et ces prototypes subconscients, constamment nourris, sont l'unique cause de tous les maux, mais aussi, selon la nature de notre penser, celle de nos succès et de nos triomphes.

Duperie d'importance moyenne

La grande duperie se trouve dans le fait qu'en général l'homme cherche la cause de ses déboires en dehors de lui-même. Il s'en prend aux conditions, à son entourage, aux circonstances, mais toutes ses difficultés ont pour cause des prototypes mentaux et des croyances logées dans son esprit subconscient. En fait, la grande duperie c'est de croire à une cause matérielle.
Vous entendez constamment les gens déclarer que les circonstances matérielles sont les sources de leurs difficultés, de leurs épreuves et de leurs tribulations. Ceci est une duperie de première importance et doit être complètement réfuté.

Pourquoi Dieu ne la guérit-il pas ?

En m'entretenant récemment avec une dame, j'appris que sa mère, merveilleuse chrétienne, toute de bonté et de générosité, était sérieusement malade. « Pourquoi, me demandait sa fille, pourquoi Dieu ne la guérit-il pas ? » Une telle question illustre parfaitement la grande duperie dont souffrent tant de personnes. La loi de la vie est une loi de croyance et nous démontrons ce que nous croyons. Tout ce que nous semons dans notre subconscient, nous le récoltons. Si nous semons des pensées de maladie, de crainte, de ressentiment, d'inimitié, nous récolterons ces choses indésirables. Bibliquement parlant, « semer une pensée » signifie qu'on l'accepte totalement et ce sont nos croyances profondes que nous démontrons.
Cette personne et sa mère se trompaient complètement en croyant que la maladie est indépendante de l'esprit et n'a rien à voir avec le processus du penser. La mère de ma consultante était cardiaque et se croyait inguérissable. Telle était sa croyance profonde et, naturellement, elle ne pouvait guérir.

Il n'y a point de maladies incurables — il n'y a que des gens incurables; ceux qui croient qu'ils ne peuvent guérir. En conséquence, il leur est fait selon leur foi.
Cette mère fait à présent d'excellents progrès, n'étant plus sous le joug de la grande duperie qui l'invitait à penser que son cœur est un objet matériel avec des lois particulières, indépendantes du penser. Elle croit maintenant que son corps est sujet de ses pensées et de ses sentiments et que, en transformant son esprit, elle transforme son corps. Elle prie régulièrement, sachant que le processus curatif infini coule à travers elle en tant qu'intégrité, vitalité et force et que l'amour de Dieu demeure en son esprit et dans son corps. Elle commence à comprendre que la maladie n'a sur elle aucun pouvoir, hormis celui que sa pensée lui donne et elle ne tardera pas à s'apercevoir qu'elle est guérie. Lorsque vous vous trouvez en état de maladie, considérez-le comme le signal de la nature qui vous indique qu'à ce sujet vous pensez mal, puis changez votre pensée et maintenez-la changée.

Sa peur fut cause de trois accidents

« Qu'ai-je donc fait pour mériter ceci ? » me demanda récemment un jeune homme, ajoutant : « Je n'ai jamais rien fait de mal. » Souvent l'explication est la guérison; j'expliquais donc à ce jeune homme que toutes nos expériences sont le résultat de nos croyances et de nos hypothèses subconscientes. Autrement dit, toutes les expériences, toutes les conditions dans lesquelles nous nous trouvons, tous les événements de notre vie sont les résultats de la totalité de nos croyances. De plus, nous avons tous de nombreuses croyances, de nombreuses idées depuis longtemps oubliées, qui remontent peut-être à notre enfance et qui sont enfouies dans les profondeurs de notre subconscient. Toutes nos croyances et toutes nos tendances originelles demeurent en nous et elles ont le pouvoir de se manifester dans notre vie et de l'influencer.
Par exemple, si vous croyez que le fait de rester près d'un ventilateur électrique va vous donner le torticolis, votre esprit subconscient va faire en sorte qu'en pareil cas vous l'ayez, non pas à cause du ventilateur qui représente d'inoffensives molécules d'énergie oscillant à haute fréquence, mais à cause de votre croyance erronée. Si vous avez peur de vous enrhumer parce que, auprès de vous, quelqu'un éternue, votre crainte est un mouvement de votre propre esprit qui crée ce à quoi vous vous attendez, ce que vous craignez, ce que vous croyez. Si vous vous trouvez dans une pièce très chauffée et que vous sortiez ensuite dans une atmosphère plus fraîche, la

nature vous fera peut-être éternuer, c'est sa façon d'équilibrer le corps — un éternuement est une bénédiction. Néanmoins, en pareil cas, de nombreuses personnes craignent de prendre froid, ne sachant pas que c'est la puissance créatrice de leur propre penser qui est la cause du rhume.

Le jeune homme qui se demandait ce qu'il avait fait pour mériter tant d'ennuis m'avoua qu'il avait acheté, ce matin-là, un journal d'astrologie et qu'il y avait lu la menace d'un grave accident d'automobile. Il en avait ressenti une grande peur et une profonde émotion. Il ne voulait donc pas prendre sa voiture ce jour-là mais, devant donner une audition très importante pour lui, il ne pouvait s'y rendre autrement. Il eut trois accidents sérieux, blessant grièvement un homme. Lui-même fut contusionné et blessé et sa voiture très endommagée. Job dit : « Ce que j'ai redouté m'est arrivé. » La grande peur de ce jeune homme avait provoqué ces accidents. Les pensées chargées d'émotion sont dramatisées par le subconscient. Celui de ce jeune homme prit sa grande crainte pour une requête et la manifesta sur l'écran de l'espace. Ce que nous semons, nous ne manquerons pas de le récolter.

Technique de la prière pour la bonne conduite

Je donnai à mon consultant une prière afin qu'il s'en servît régulièrement et lui expliquai que s'il remplissait son esprit de ces vérités, son esprit subconscient les accepterait et il serait subconsciemment contraint de conduire harmonieusement et paisiblement, sans que rien de fâcheux n'arrivât. Voici la prière que je lui proposai, lui suggérant de s'en servir régulièrement et systématiquement jusqu'à ce qu'elle fît partie de lui-même : « Cette voiture est celle de Dieu. C'est une idée de Dieu, elle avance librement, joyeusement et avec amour. La sagesse de Dieu guide cette voiture dans toutes ses voies. Le conducteur de cette voiture est un ambassadeur de Dieu, il est plein d'amour et de bonne volonté envers tous. La paix de Dieu, Sa vérité et Sa compréhension gouvernent toujours le conducteur. Dieu dirige toutes ses décisions et rend sa route toute droite, belle et parfaite. L'Esprit du Seigneur Dieu est sur le conducteur, faisant en sorte que toutes les routes soient les avenues de son Dieu. »

La grande vérité

Beaucoup de personnes s'en prennent au temps pour expliquer leurs rhumes, leurs douleurs, leurs maladies et leurs états dépressifs. L'atmosphère ne vous a jamais dit : « Je vais vous donner un rhume, une pneumonie, l'influenza ou la toux. » L'air est inoffensif, c'est l'homme qui doit cesser de le polluer par ses idées bizarres, ses fausses doctrines, ses croyances absurdes.

Il faut que vous appreniez cette grande vérité : aucune personne, aucune situation, aucune condition ne peut vous rendre malade, malheureux, esseulé ou sujet aux embarras pécuniaires. Ce sont les croyances et les impressions imposées à votre subconscient qui sont cause de toutes vos expériences, de tous les événements de votre vie.

Des millions d'êtres souffrent de la grande duperie parce qu'ils sont hypnotisés par l'accumulation des idées fausses, des croyances, des opinions créées par le témoignage des sens. Votre subconscient agit en tant que loi pour manifester et démontrer les prototypes accumulés dans votre esprit profond.

La maladie a ses origines dans l'esprit

Les psychiatres et les psychologues, sondant et explorant l'esprit profond, la subconscience, ont démontré que vous n'êtes pas conscients de ces prototypes intérieurs; ne les ayant pas placés consciemment dans leur subconscience, beaucoup de personnes pensent qu'elles ne les ont pas; alors, pour se justifier, elles établissent des alibis, des excuses de toutes sortes. Le Dr Phineas P. Quimby prouva, il y a cent ans, que le corps agit comme on agit sur lui, il n'a point de volonté propre, point d'intelligence consciente, point d'activité par lui-même. Le corps est caractérisé par l'inertie et vous pouvez y inscrire une mélodie d'amour ou un hymne de haine; c'est un disque sensible sur lequel vous faites tourner vos émotions. Si vous sectionniez une partie de votre corps, cette partie pourrait se décomposer mais ne serait pas malade. La raison pour laquelle un membre coupé ne peut souffrir de maladie, c'est qu'il est séparé de l'esprit.

La véritable signification du diable et du mal

La grande duperie agit de bien des façons : il est des gens qui accusent le diable d'être à l'origine de tous leurs problèmes, et pourtant le diable n'existe pas.

Le mot « diable » signifie vivre en arrière. Les anciens mystiques hébreux disaient que le diable est celui qui profère des mensonges à propos de Dieu et des vérités divines, celui qui calomnie. Le bien et le mal sont simplement le mouvement de l'esprit de l'homme quant à l'Esprit vivant qui est en lui et qui est Dieu. Si un homme mésuse de l'électricité, il est brûlé ou blessé; de même, celui qui mésuse des lois de son esprit subconscient aura des réactions négatives. Les forces de la nature ne sont point mauvaises; que nous obtenions des réactions positives ou négatives dépend entièrement de l'usage que nous faisons des éléments de la nature et des forces qui sont en nous. La grande duperie, c'est le fait d'exalter dans notre esprit l'idée que les choses, les conditions et les phénomènes sont les causes déterminantes de notre misère, de notre souffrance, de notre infortune.

Comment il triompha de la suggestion d'une infection virulente

Un homme qui travaillait dans un bureau de Los Angeles m'écrivit que la moitié du personnel de sa firme était malade d'une infection virale dont il craignait d'être également victime; il voulait savoir comment s'en protéger. Je lui fis observer qu'il avait peur d'un virus invisible, sans pouvoir sur lui. Je lui dis qu'il se suggérait qu'il était exposé à souffrir de cette infection et que les suggestions et les déclarations des autres n'avaient sur lui aucun pouvoir créateur; tout cela fait partie de la grande duperie. Les suggestions sont impuissantes. Je lui conseillai de rejeter complètement celle de l'infection et je lui fis remarquer que l'action créatrice est toujours dans notre propre pensée et notre sentiment. Je lui dis en outre que rien ne peut se produire sauf à travers la puissance créatrice de notre propre esprit et que, par conséquent, les autres n'ont point de pouvoir sur nous. Selon mes conseils, il affirma fréquemment :
« Moi et le Père nous sommes un. Je vis à présent et j'ai l'être en Dieu et Dieu vit, se meut et a son être en moi.Ce qui est vrai au sujet de Dieu est vrai à mon sujet. Dieu ne peut être malade, je ne puis donc être malade. La santé est mienne. La joie est mienne. La paix est mienne et je suis admirablement bien. »

Pour lui, les suggestions d'autrui n'ont point de puissance

Si quelqu'un vous traite de « chameau », qu'est-ce que cela peut vous faire ? Vous savez que vous n'êtes pas un chameau, voilà tout; cette déclaration n'a sur vous aucune puissance. C'est vous qui avez la charge de votre esprit et vous avez alors une merveilleuse occasion d'affirmer que la paix et l'amour de Dieu remplissent l'âme de celui qui vous injurie. La puissance est toujours en vous et non dans l'autre. Il nous est loisible de bénir ou de maudire. Cessez de donner aux gens, aux conditions, aux événements la puissance et les prérogatives qu'ils n'ont pas. Cessez de considérer comme mauvais la matière et le monde. Esprit et matière ne font qu'un. La matière est un degré inférieur de l'esprit, l'esprit un haut degré de la matière. La matière et l'énergie invisible ne font qu'un et les savants nous apprennent qu'énergie et matière sont interchangeables. Voilà pourquoi les pensées sont des choses. La pensée est la cause, sa manifestion l'effet.

Comment triompher de la grande duperie

La seule vraie réponse à la grande duperie, c'est la thérapeutique de la prière scientifique. Laissez la lumière de Dieu briller en votre esprit et vous neutraliserez tous les effets nuisibles des pensées négatives implantées dans votre subconscient. Emplissez votre esprit des vérités éternelles, les vérités de Dieu, des concepts de Dieu comme : amour, paix, joie, beauté, intégrité et sagesse; pensez que l'océan de sa paix et de son amour coule à travers votre esprit conscient et subconscient. En faisant de cela une habitude, vous finirez par effacer et oblitérer tous les prototypes négatifs qui sont logés dans votre subconscient.

Il se peut que vous soyez dupé par l'erreur, mais la vérité demeure éternelle. Accordez-vous à la présence divine et la puissance de Dieu sera dans votre pensée consciente. Affirmez hardiment : « Dieu est esprit et son Saint-Esprit coule à travers moi en ce moment même, nettoyant tous les prototypes subconscients, connus ou inconnus, qui me privent de mon bien. Mon subconscient accepte mes affirmations de la vérité et je suis libre en Dieu et plein de paix, de joie et d'harmonie. Je suis esprit et seul ce qui est de Dieu peut agir en moi. J'accepte subconsciemment l'intégrité et la beauté de l'esprit. Cette prière me délivre à jamais de la grande duperie. Pour moi, l'aurore se lève et toutes les ombres s'enfuient. »

Révision des points importants

1. Ne jugez pas selon les apparences. Vos yeux vous trompent fréquemment et ne voient que l'apparente surface des faits.

2. Faites vos propres vérifications.

3. Cessez d'accuser les personnes, les conditions, les circonstances.

4. Dans le subconscient les prototypes négatifs sont la cause de tous les maux et les prototypes constructifs sont la cause de nos succès et de nos triomphes.

5. La grande duperie est la croyance dans les causalités matérielles.

6. La loi de la vie est une loi de croyance et, comme nous semons, nous récoltons.

7. Toutes les expériences et tous les événements de notre vie sont le résultat de la totalité de nos croyances.

8. Remplissez votre pensée consciente des vérités de Dieu, votre subconscience les acceptera et les produira dans vos expériences.

9. Apprenez cette grande vérité : nulle personne, nulle situation, nulle condition ne peut vous rendre malade, malheureux, esseulé ou en difficultés pécuniaires.

10. Il vous est loisible d'inscrire sur votre corps une mélodie d'amour ou un hymne de haine. Choisissez l'amour.

11. Le bien et le mal résultent de la façon dont nous nous servons de notre esprit.

12. Les suggestions et les déclarations des autres n'ont point de puissance pour créer sur nous les choses qu'ils suggèrent.

13. Votre pensée est la cause, la manifestation, l'effet.

14. Il se peut que vous soyez trompé par l'erreur, mais la vérité vous affranchira.

CHAPITRE IV

Ce qui seul compte

La prise de conscience de la puissance de Dieu est la plus grande découverte de tous les temps. Elle est bien plus importante que la découverte de la puissance atomique.

Familiarisez-vous avec les immenses pouvoirs qui sont en vous. La Bible dit : « Apprends à Le connaître et sois en paix, et le bien te viendra. » Vous familiariser et établir des relations amicales avec votre moi suprême, Dieu en vous, est la seule chose qui compte. Il est grand temps que vous parliez franchement et sincèrement, vous posant les questions suivantes : « Est-ce que je crois vraiment que l'Intelligence infinie en moi est Dieu et qu'Il est la seule présence, la seule puissance et la seule cause dans l'univers ? » Si vous pouvez répondre positivement, vous ne vous en prendrez plus aux circonstances, aux événements ou à autrui.

La seconde question que vous devez vous poser est celle-ci : « Est-ce que je crois vraiment que le monde des phénomènes est un effet et non une cause ? » Si vous le croyez, vous ne gémirez ni ne vous plaindrez plus des choses extérieures, vous accorderez vos pensées et vos sentiments en harmonie avec Dieu et avec sa loi et vous transformerez ainsi votre vie.

Nos croyances sont la cause de nos expériences

Vos croyances profondes sont la cause unique et tout ce que, dans votre esprit, vous pensez, sentez et acceptez comme étant vrai est, dans votre univers, la seule *cause*. Il faut vous rappeler sans cesse qu'*il vous est fait selon votre foi*. Sentez la présence de Dieu en vous et réjouissez-vous en elle : c'est la seule chose qui compte dans votre vie. En vous-même, accordez-vous à l'unique Infini, honorez cette présence suprême et souveraine. Vous verrez que tout, dans votre vie, concourra à votre bien.

Comment surmonter les vagues du doute et de l'anxiété

La Bible dit qu'une grande tempête se leva. Chaque homme est un navire qui voyage sur l'océan de la vie. Nous sommes tous immergés dans la grande mer de la *conscience d'être.* Tous nous voyageons psychologiquement et spirituellement vers certains buts, certains objectifs, certains accomplissements. Parfois le navire est submergé par les vagues qui représentent la croyance raciale de l'échec, de la pénurie, de la limitation. Les orages du doute, de l'anxiété et de la dépression nous hantent parfois. Dans la barque assaillie par les vagues les disciples disent : « ... *Seigneur, sauve-nous, nous périssons.* » Les disciples représentent nos facultés, nos pensées, nos sentiments, nos croyances et en plus nos attitudes mentales et ce à quoi nous nous attendons. Il faut que vous entraîniez les facultés de votre esprit à regarder vers l'intérieur et à avoir foi en toutes les choses bonnes, à entretenir l'expectative du meilleur avec dans le cœur la ferme conviction de ce que l'Intelligence infinie va vous guider hors de vos difficultés et vous montrer le chemin. Pour résoudre vos problèmes et pour vous diriger, ayez une ferme certitude en la puissance de Dieu. Cette foi en Dieu vous permettra de marcher sur les eaux de la peur, du souci, du doute et des dangers imaginaires de toutes sortes.

Il y a toujours un moyen

Lorsque vous dites : « Il n'y a pas moyen d'en sortir. Je n'ai aucune chance », vous contemplez la confusion, la peur et l'opinion humaine; mais lorsque vous vous souvenez de l'Eternel qui est la puissance spirituelle en vous, toute-sagesse, tout-savoir absolu, vous regardez la solution, le moyen d'en sortir, la fin heureuse, ignorant ainsi la turbulence de l'intellect humain et les vagues du désespoir, de la mélancolie et de la dépression.

La signification de la foi

L'homme est endormi dans la puissance de Dieu et la sagesse de Dieu est enfermée dans ses profondeurs subconscientes, voilà pourquoi Matthieu 8 : 24 dit : « ... il dort ». L'homme de foi s'éveille et stimule en lui-même le don de Dieu, il sait qu'en lui est le royaume du réel. Il sait que son idéal, son désir, est réel dans le royaume intérieur et que la foi va faire en sorte que la présence invisible et sans forme prenne la forme d'une condition, d'un événement, d'une expérience. C'est pourquoi l'homme de foi marche sur les eaux du doute et de la peur et avance dans la confiance et la compréhension vers la terre promise — son but tant désiré. La foi est le fait d'accepter pour vrai ce que nient la raison et l'intellect.

Pourquoi vos pensées sont-elles des choses ?

Il faut que l'homme s'éveille au fait que la science et la religion sont les deux arcs d'un cercle qui s'unissent pour former un tout complet. Il faut qu'il abandonne les vieux concepts qui ne résistent pas à l'épreuve de la vérité. La chimie et la physique d'il y a un quart de siècle ne sont plus valables. La science découvre constamment de nouvelles vérités. Par exemple le dogme des éléments immuables est périmé. Il a disparu avec la découverte de la radio-activité. A un moment donné les gens croyaient que le monde était une chose fixe, statique; aujourd'hui nous savons qu'il est un univers fluide de forces dansantes, un univers changeant, dynamique et mental. Einstein et d'autres savants ont démontré que la conservation de l'énergie et de la masse concernent des vérités distinctes, séparées. Energie et masse sont interchangeables — voilà pourquoi les pensées sont des choses.

La fin de la crainte

Aujourd'hui encore, il existe passablement de gens qui se font une idée tout à fait erronée de Dieu, qu'ils se représentent comme un Dieu de justice et de vengeance, prompt à leur envoyer peines et douleurs. Il ne faut pas s'étonner qu'une telle représentation de Dieu, quand elle devient une habitude, soit une source de défaite. Avec une conception aussi fausse de la nature de Dieu, votre foi ne vous apportera que tracas et tourments. Celui qui pense ainsi doit s'attendre à une vie obscurcie de ténèbres et d'angoisses. Votre subconscient projette dans votre vie, comme sur un écran, votre représentation du monde. Car l'homme devient ce qu'il croit, que ce credo s'applique à Dieu ou à lui-même. Votre conception de Dieu oriente toute votre vie. C'est pourquoi il vaut la peine de savoir exactement quelles sont vos convictions religieuses. Dieu est Amour, Dieu est Bonté. Le catéchisme doit aussi enseigner cette nouvelle compréhension des Ecritures, qui révolutionne actuellement les dogmes. Mais les mystères de la sagesse divine demeurent toujours valables pour l'esprit réceptif et méditatif. L'homme doit simplement redécouvrir ses pouvoirs immanents et apprendre, par sa foi en un Dieu d'amour et de bonté, à influer sur son bonheur et sa paix intérieure.

Il avait peur de Dieu

Un homme m'écrivit, il y a quelque temps, me disant qu'il était bon chrétien, donnait aux pauvres, allait à l'église régulièrement et pratiquait tous les commandements de sa confession. Pourtant, ajoutait-il : « ... tout dans ma vie va à l'envers. Je suis malade, torturé mentalement, épuisé pécuniairement, je suis à bout. Pourquoi ? »

Au cours d'un entretien avec cet homme, j'appris qu'il était licencié ès sciences, qu'il enseignait à l'école du dimanche, qu'il était un ardent étudiant de Platon, d'Aristote, d'Eckhardt et de Plotin, capable de citer abondamment de mémoire ces célèbres mystiques et philosophes. Tout en connaissant parfaitement toutes ces philosophies, il ne les avait jamais assimilées pour qu'elles puissent lui apporter un peu de paix. Pour lui, ces écrits représentaient une sorte d'exercice intellectuel; il ne les avait jamais approchés avec le désir qu'ils touchassent son cœur. Mais « C'est du cœur que proviennent les sources de la vie ».

Cet homme croyait à un Dieu dans l'espace, éloigné dans les cieux, une sorte d'être inscrutable et tyrannique qui le punirait s'il péchait et qui, au dernier jour, ne manquerait pas de le juger. En fait, il avait peur de Dieu; de plus, il pensait que la volonté de Dieu était qu'il souffrît. Je lui expliquai comment son subconscient travaille, qu'en tant qu'homme de science il se devait de connaître les lois de l'esprit qui, tout comme celles de la chimie, de la physique ou des mathématiques, sont impersonnelles et que tout ce qu'il imprimait sur son esprit subconscient serait exprimé de la même manière que les semences enfouies dans le sol, qui produisent selon leur espèce. Je lui fis remarquer que sa religion n'était pas scientifique et qu'elle allait jusqu'à faire injure au bon sens. Tout son point de vue religieux était irrationnel, déraisonnable et tout à fait contraire à l'esprit scientifique. Il apprit qu'il se punissait lui-même et que sa vie chaotique avait pour cause son penser habituel, négatif et craintif, qui engendrait des émotions destructives, négatives.

Comment elle triompha de l'intention de tuer l'autre

Voici une seconde et tout aussi claire illustration du fonctionnement de l'esprit. Parce qu'elle avait découvert que son mari avait une maîtresse, une épouse était pleine de colère, de haine et de ressentiment envers l'infidèle. Elle apprenait à ses enfants à le haïr. Elle était terriblement jalouse de l'autre femme et me dit qu'elle avait acheté un revolver dans le but de la tuer. Je lui expliquai le fonctionnement de l'esprit profond et lui montrai que les émotions corrosives et empoisonnées qu'elle distillait construiraient, si elles étaient maintenues, un mécanisme réflexe subconscient qui la contraindrait à commettre le meurtre que, consciemment, elle ne désirait pas. Les concepts orthodoxes de sa religion s'étaient avérés impuissants à lui fournir la solution de son problème. Il fallait qu'elle s'éveillât à la présence et à la puissance endormies dans la barque [5]. Elle prit conscience du fait que toutes les religions du monde, abstraction faite de leurs superficialités, de leurs pompes et de leurs fastes, consistent exclusivement en cette vérité fondamentale qu'enseignent les Ecritures : « *Tel un homme pense en son cœur, tel il est.* » Le « cœur », c'est l'esprit subconscient et ce que vous lui imprimez s'exprimera. Les pensées et les sentiments réprimés dans votre subconscient ont une vie propre et se manifestent dans votre expérience. Souvenez-vous que les impressions faites sur votre subconscient sont contraignantes.

Abandonnant ses anciennes idées et ses opinions fausses au sujet de la religion, la femme en question comprit qu'elle était le capitaine de son navire, qu'elle était en train de l'échouer, credos, dogmes et concepts traditionnels l'ayant fourvoyée. Elle pria ainsi : « J'abandonne complètement à Dieu mon mari et sa maîtresse. Dieu me connaît et il m'aime. Je m'attends à ce que cette mystérieuse et merveilleuse puissance divine apporte la paix dans mon âme et me conduise dans l'harmonie et dans la joie. Je continuerai de savoir que l'amour de Dieu remplit mon esprit et mon corps. Je sais que cette puissance universelle me guérit, me protège et m'ouvre de nouvelles avenues de paix et de prospérité. Je sais que le Saint-Esprit coule à travers mon esprit et calme les fureurs. Ce divin esprit emplit mon cœur, tranquillise les vagues et sa puissance fortifie mon corps. Dieu calme à présent en moi les vents et les vagues, je sens dans mon âme une grande paix. »

Plusieurs fois par jour elle répéta cette prière à haute voix, lentement et avec amour. Le résultat en fut que son mari, en lui demandant pardon, revint à elle et à sa famille. L'autre femme, entre-temps, avait soudainement passé dans la prochaine dimension de la vie. Dans cette famille, il y a aujourd'hui un grand calme.

[5] Allusion à la barque dans laquelle Jésus dormait au milieu de ses disciples terrifiés. N.T.

En dépit des croyances religieuses que vous professez, de vos qualifications philosophiques et scientifiques, la seule chose qui compte vraiment est de vous familiariser intimement avec le facteur spirituel en vous-même. Il est invincible et invulnérable.

Pourquoi la flamme du feu ne pouvait-elle le brûler ?

H.-T. Hamblin, ancien éditeur de *The Science of Thought Review* de Chichester, Angleterre, me conta l'incident qui survint à deux avions, l'un britannique, l'autre allemand, qui avaient combattu dans les airs près de sa maison. L'un des avions s'écrasa en flammes dans un champ. Le jeune pilote anglais ne fut pas touché. Il dit à M. Hamblin, qui avait prié pour sa sécurité : « Je savais que je tombais. Cependant, en descendant, je n'avais pas peur du tout — je ne sais comment vous dire, car quelque chose en moi se transforma et je sus que je ne pouvais être ni brûlé ni blessé. » Un homme peut être dans un état de conscience si exalté, vivant dans une dimension si haute de la pensée que le feu ne peut le brûler ni l'eau l'asphyxier.

Le Livre de Daniel corrobore l'incident ci-dessus. Trois hommes, Shadrack, Meshack et Abednego, furent précipités dans la fournaise ardente : « Eh bien, je vois quatre hommes sans liens qui marchent au milieu du feu et qui n'ont point de mal; et la figure du quatrième ressemble à celle du fils de Dieu. » Le « Fils de Dieu » c'est, en chaque homme, la présence de Dieu qui peut le sauver de tout mal.

Apprenez à triompher de tous vos problèmes

Cessez de vous confier à un être vague, mystérieux, en dehors de vous-même. Apprenez les lois de votre esprit, fondez-vous sur elles et sur leurs principes, comptez-y implicitement. Sentez la présence de l'amour de Dieu dans votre âme et apprenez à connaître intimement les qualités et les attributs divins en les développant dans votre penser et dans vos sentiments. Ressuscitez vos pouvoirs qui sont des dons de Dieu et apprenez que vous pouvez surmonter tous les problèmes, toutes les difficultés. Elevez votre conscience d'être en pensant à Dieu, à sa sagesse suprême et à sa puissance; vous calmerez les vents du désarroi et les vagues de la peur et de la rage : « Alors il se leva, tança les vents et la mer et il se fit un grand calme. »

Acquérez la puissance sur toutes les circonstances

1. La seule chose qui compte est connaître votre moi suprême pour établir avec lui des rapports du cœur.

2. Il vous est fait selon ce que vous croyez.

3. Souvenez-vous toujours de ceci : si vous voulez le pouvoir sur toutes les circonstances, vous l'aurez.

4. Ayez la ferme conviction que la puissance de Dieu va résoudre votre problème; tous les obstacles s'effaceront.

5. A tout problème il y a une solution. Contemplez l'heureux dénouement; vous vivrez ce que vous contemplez.

6. La foi, c'est d'accepter pour vrai ce que votre raison et vos sens nient.

7. Les pensées sont des choses vivantes.

8. N'affirmez pas des vérités que tout penseur scientifique sait être fausses.

9. Les lois de votre esprit, tout comme celles de la chimie et de la physique, sont impersonnelles et ne respectent pas les personnes.

10. Souvenez-vous de ceci : les impressions faites sur votre subconscient par la pensée répétée sont contraignantes.

11. La présence de Dieu en vous peut vous sauver de tout mal quand vous lui faites confiance et croyez en lui.

12. Les lois de votre esprit sont sûres, vous pouvez faire implicitement confiance à ces lois et principes.

CHAPITRE V

Toute fin est un commencement

Il y a des milliers d'années, Job demanda : « Si un homme meurt, revivra-t-il ? » Depuis, cette question a été posée des millions de fois. La vérité, c'est qu'il n'y a pas de mort au sens de l'anéantissement. Dieu est vie et cette vie est à présent notre vie. La vie, Dieu, n'a point de commencement, et elle n'a pas de fin. L'homme, étant vie en tant que Dieu en manifestation, ne peut mourir.

Le corps a un commencement et le corps a une fin. Nous aurons toujours un corps car le corps de l'homme, qu'il soit de la troisième ou de la quatrième dimension, véhicule l'expression de la vie. Lorsque ce véhicule, ce corps, n'est plus un instrument convenable à la vie ici-bas, il est abandonné. L'esprit alors se vêt d'un corps neuf.

Nous ne devons pas penser à la mort comme à une fin mais plutôt comme à un recommencement, un recommencement de vie plus abondante. Au lieu de penser tristement à la séparation, pensons à la réunion avec tous nos bien-aimés. Au lieu de penser que nous nous en allons, prenons conscience de ce que nous arrivons à une nouvelle destination [6]. Lorsque nous aurons goûté à ce que l'homme appelle « la mort », nous aurons conscience d'une nouvelle naissance. Cela sera comme la santé pour l'homme malade, comme le foyer pour l'exilé.

Milton dit : « La mort est la clé d'or qui ouvre le palais de l'éternité. » Il est impossible qu'une chose aussi universelle que la mort soit considérée comme mauvaise. Il faut qu'elle soit bonne, sans quoi elle ne serait pas. Le voyage nous mène de gloire en gloire, l'homme va en avant, plus haut, en Dieu. Nous admettons le renouveau, la résurrection et le processus de

[6] La charmante artiste Gaby Morlay disait « en mourant » : « Ne soyez pas triste, je ne pars pas, j'arrive. » Et Victor Hugo : « Ne dites pas mourir, dites naître. Croyez. » N.T.

l'accomplissement dans les saisons, chez les oiseaux, les fleurs, les insectes; mais pour ce qui est de l'homme, nous sommes saisis et muets de terreur. Nous ne savons pas reconnaître que la mort et la naissance ne sont que les deux faces du bouclier de la vie et qu'elles ne doivent pas être redoutées. Fondamentalement, c'est la vie en cours de changement. Quelque chose de neuf est donné en échange de quelque chose de vieux; voilà le processus de la prétendue mort.

Lorsque vous passerez sur la prochaine dimension de la vie, vous aurez le plein usage de vos facultés mentales. Vous aurez conscience de votre nouvel entourage, vous connaîtrez les autres et en serez connu. Vous verrez, vous comprendrez, vous apprendrez et vous avancerez dans toutes les phases de votre vie. La mort est plus qu'une fin, c'est, en fait, un nouveau commencement car, lorsque quelque chose se termine, autre chose commence. Voilà pourquoi toute fin est un commencement. L'entrée dans la prochaine dimension de la vie est caractérisée par la nouveauté, la liberté et l'expression.

La vie est un épanouissement sans fin

La vie est une progression, un épanouissement sans fin, une expansion sans limites. Dans la prochaine dimension de la vie, vous aurez la mémoire de ce qu'elle est sur le plan actuel, et le souvenir de qui vous êtes et de ce que vous êtes est le lien qui, tant que vous progressez, témoigne de la continuité de votre existence. Dieu est infini. Vous aussi êtes infini et jamais, dans toute éternité, vous ne pourriez épuiser les splendeurs et les beautés qui sont en vous — voilà à quel point vous êtes merveilleux !
Dans le quinzième chapitre de la Première Epître aux Corinthiens, Paul dit : « *Il y a aussi les corps célestes et les corps terrestres; mais la gloire du céleste est une chose et la gloire du terrestre une autre. Et comme nous avons porté l'image du terrestre, nous revêtirons aussi l'image du céleste.* »

Vous êtes immortel

Paul nous dit aussi qu'en réalité il n'y a point de mort et que tous les hommes sont immortels. Chaque enfant qui naît est vie universelle, Dieu prenant la forme de cet enfant — c'est, en fait, Dieu descendant du Ciel (l'état invisible) et apparaissant dans un corps terrestre. Lorsque cet instrument cesse de fonctionner parfaitement, nous revêtons un corps de la quatrième dimension, fréquemment appelé corps subtil, corps astral ou corps subjectif, etc. La seule chose que vous emporterez avec vous dans la prochaine dimension de la vie sera votre état de conscience, c'est-à-dire votre connaissance et vos convictions relatives à Dieu, à la vie et à l'univers.

Comment deux filles considèrent la transition de leur père

Il y a quelques jours je me rendis chez deux jeunes filles afin de diriger une méditation pour leur père qui venait d'accomplir sa transition. L'une d'elles me dit : « Je sais que Papa est vivant de la vie de Dieu et qu'il existe à une plus haute fréquence. Il faut que nous priions pour lui et que nous l'entourions d'amour, cela l'aidera dans son avancement. » Elle me dit que son père était mort à 2 heures exactement et sa sœur reprit : « Regardez, il est maintenant 2 heures, mais l'aiguille marche vers une nouvelle heure. C'est la même chose pour notre père; sa vie sur ce plan est terminée, mais une nouvelle vie a commencé pour lui. » Cette jeune fille savait que toute fin est un commencement.

Nous revêtons un nouveau corps

Paul dit : « ... comme nous avons porté l'image du terrestre... », signifiant que nous naissons tous dans le temps, l'espace et les limitations de la troisième dimension. Mais nous porterons aussi l'image du céleste, c'est-à-dire que, quelque jour, nous abandonnerons le corps que nous portons. Nous ne l'emmènerons pas avec nous lorsque nous entrerons dans les vibrations plus hautes de l'esprit, où nos corps sont si subtils, si atténués qu'ils sont invisibles pour la plupart.

Tout homme doit croître et s'élargir. Même l'enfant dont la vie s'est éteinte à la naissance ou qui ne vécut qu'une semaine est une note d'ornement dans la grande symphonie de toute la création. Cet enfant croît, grandit et s'épanouit dans une autre dimension de l'esprit. Par l'amour cet enfant vous est attaché, à vous et à tous les autres qui jouent leur partie dans l'orchestre céleste conduit par les grands chefs, Jésus, Moïse, Lao-Tseu, Confucius et autres Sages illuminés qui continuent de vivre, ayant le mouvement et l'être dans les « maisons » plus hautes de Dieu [7].

[7] « Il y a plusieurs maisons dans la maison de mon Père. » N.T.

Vous reverrez vos bien-aimés

A votre arrivée en ce monde, des mains aimantes vous reçurent et prirent soin de vous. Vous avez été cajolé, aimé et pendant toute votre enfance vos besoins furent comblés. Ce qui est vrai sur un plan est vrai sur tous les plans de l'existence, car Dieu est amour. En entrant dans la prochaine dimension, vous serez accueilli par des infirmières et des médecins qui vous initieront à votre nouvelle vie. L'amour attire : vous rencontrerez tous vos bien-aimés, vous serez heureusement réunis. Si vous enseignez la vérité en ce monde, vous l'enseignerez dans l'au-delà et vous écrirez aussi. Vous voyagerez et vous ferez toutes les choses que vous faites ici, avec la seule différence que vous agirez sur une nouvelle longueur d'onde, une plus haute fréquence. Vous ne verrez ni soleil ni lune, car le temps est autre que le temps d'ici. Par exemple, lorsque vous vous endormez le soir, votre esprit restera très actif, pourtant vous n'avez pas conscience du temps.

Le temps ici n'est pas le temps dans l'au-delà

Récemment, au cours d'un voyage vers Hong-Kong, j'ai bavardé avec un écrivain. Il me dit qu'une nuit il s'était endormi et qu'il avait voyagé tout autour de la terre, fait des conférences qui avaient duré des heures, visité des milliers de gens et lu des livres (dont l'un avait cinq mille pages). Il dit qu'il avait également lu le contenu d'un nouveau livre qu'il était en train d'écrire. Lorsqu'il s'éveilla, il s'aperçut qu'il n'avait dormi qu'une minute.
Dans la prochaine dimension de la vie, vous trouverez la contrepartie de tout ce qui est en ce monde. « Il en est au-dessus comme au-dessous. Il en est au ciel comme sur la terre. »

Comment elle triompha de la perte de deux fils

Récemment j'ai parlé avec une dame qui avait perdu deux fils à la guerre de Corée, l'un âgé de dix-neuf ans, l'autre de vingt ans. La nouvelle de leur transition fut un coup atroce, mais elle me dit qu'elle s'était bientôt reprise en s'affirmant doucement : « *Dieu n'est pas un Dieu des morts, mais des vivants, car en Lui tous vivent.* » Elle me regarda avec une lumière rare dans les yeux et me dit : « Savez-vous ce que je ressentis ? » Ses paroles furent prononcées avec lenteur et dans un calme majestueux : « Je fus soudain remplie d'une paix qui envahit mon cœur et tout sentiment de

douleur disparut. Je sus, je sentis que mes fils vivaient, je perçus leur présence, la douceur de leur toucher. Ce fut une merveilleuse expérience. » Cette dame ajouta que ses garçons avaient été très pieux et qu'ils étaient pleins d'affection, de joie et de vitalité. Elle continua en disant : « Je sais que Dieu est juste et bon et je sais que, bien qu'ils me manquent, ils se construisent un autre foyer dans la dimension prochaine, dans laquelle ils ont des corps nouveaux et de nouvelles tâches à accomplir. Je me suis demandé : « Comment puis-je les aider ? » La réponse est vite venue : « Prie pour eux ! » J'ai prié et raisonné ainsi : « Mes garçons me furent prêtés par Dieu, source de toute vie et donateur de tous dons. Je savais que je ne pourrais pas toujours les garder, que quelque jour ils me quitteraient, se marieraient, s'en iraient peut-être dans une autre ville, dans des pays étrangers. Je les ai aimés tant qu'ils furent avec moi, je leur ai donné tout ce que je pouvais d'amour, de confiance en Dieu. A présent, ma mission c'est de les aider à construire un nouveau foyer et pour cela je projette vers eux l'amour, la paix et la joie. La lumière, l'amour, la vérité et la beauté de Dieu coulent à travers eux. Sa paix remplit leurs âmes, et je me réjouis de leur voyage en avant, car la vie est progression. Chaque fois que je pense à eux, je dis : « Dieu est avec eux, tout est bien. »
Cette prière qu'elle avait répétée plusieurs fois par jour pendant quelques semaines donna à cette femme un sentiment parfait de paix et de tranquillité. Par ses prières elle aida ses fils et s'aida elle-même.

Comment prier pour les prétendus morts

Donner « l'huile de joie à la place du deuil » s'interprète de la façon suivante : Il faut que nous enseignions à tous les hommes qu'ils ne devraient jamais amèrement pleurer leurs bien-aimés. En rayonnant d'amour, de paix et de joie envers l'aimé qui est passé dans la prochaine dimension, nous prions pour lui comme il convient. Nous l'élevons dans la conscience d'être, cela c'est vraiment donner « l'huile de joie pour le deuil ». Nous nous réjouissons de sa nouvelle naissance, sachant que la présence de Dieu est là où il est. Là où est Dieu il ne peut y avoir aucun mal. Afin de prier pour les prétendus morts, il faut que nous comprenions que les bien-aimés qui ont disparu demeurent dans un état de beauté, de joie et d'amour; ainsi nous les élevons car ils sentent nos prières et en sont bénis. Nous les rendons heureux par nos prières sincères. Au lieu de sentir qu'ils sont morts et partis et que leur être est là où sont leurs tombes, voyons-les dans un état d'indescriptible beauté. Nous ne devons jamais demeurer dans un état d'esprit de pénurie, de limitation, de regret.

Comment un comédien essuya ses larmes

J'ai connu à New York un acteur qui reçut un jour un câble lui annonçant que sa femme et ses trois enfants avaient été tués aux Indes. Ce télégramme arriva dix minutes avant son entrée en scène. Il avait à danser, à chanter et à raconter des histoires drôles. Il me dit : « Je me forçai à penser à Dieu et à son amour, je compris que le pendule de la vie qui avait oscillé vers le désespoir et la tragédie devait immédiatement prendre la direction opposée. Je déclarai que Dieu me donnerait la force et la puissance et que je donnerais la plus grande représentation de ma vie. J'avais l'impression que tel était le désir de ma femme et de mes enfants; les larmes baignant mon visage, je me souvenais de Dieu et je déclarai qu'il me venait en aide. Essuyant mes larmes, je priai pour mes bien-aimés, affirmant que Dieu les conduisait au bord des eaux tranquilles [8] et que son amour les entourait. » Il me dit que son cœur se brisait, mais il chanta et dansa comme il n'avait jamais chanté et dansé, son succès fut triomphal. Lui-même déclara que ce fut le grand moment de sa vie, car il sentait qu'à tout instant Dieu était avec lui. Du fond de sa douleur cet homme se força à penser à Dieu et à sa bonté et Dieu lui répondit. Il avait invoqué la puissance qui est la plus grande. Cette puissance se manifesta, l'élevant et lui donnant la force dont il avait besoin. Il avait levé les yeux, cherchant une solution.
« Des profondeurs j'ai crié vers toi, ô Seigneur, Seigneur entends ma voix : que tes oreilles soient attentives à la voix de mes supplications. » (Psaume 130 : 1-2).

Comment une enfant de treize ans fit face à la tragédie de la mort de son père

Il y a quelques années, je fus présent au service funèbre d'un homme qui était mort subitement à cinquante ans. Il était veuf depuis la naissance de sa fille unique, âgée de treize ans, qui me dit : « Papa a toujours assuré que la mort est un avancement et, avant de mourir, il m'a répété : « Prie pour moi, je prierai toujours pour toi et je te protégerai. »
Je fut surpris et enchanté de l'entendre poursuivre ainsi : « Je sais que Papa a entendu chaque parole que je vous ai dite, je l'ai vu clairement. Il m'a souri. Je sais qu'il ne veut pas que je me chagrine, que je pleure et que je me désole à cause de lui. Il veut que je sois heureuse et joyeuse, que

[8] Allusion au Psaume 23. N.T.

j'aille à l'université et que j'apprenne à être un bon médecin. Je sais que cela le rendra heureux. Je ne dois à Papa ni des larmes ni du chagrin, je lui dois ma loyauté, mon amour et le dévouement aux vérités qu'il m'a enseignées et je lui dois de devenir quelqu'un de bien. »

Cette enfant avait résolu dans son cœur la tragédie de la prétendue mort, elle ne souffrit pas trop. Elle avait le sentiment d'un compagnonnage divin qui la réconfortait, elle avait une connaissance spirituelle des principes sur lesquels se fonde une vie heureuse et constructive — la bonté, la croissance, l'amabilité, la confiance dans les lois de Dieu et en son amour pour tous ses enfants.

Comment elle triompha de la tristesse et de la solitude

Tout comme cette jeune fille, vous pouvez vous élever au-dessus de votre chagrin, de votre découragement, de votre douleur. Sortez de votre abîme de tristesse, de votre solitude en insistant en vous-même sur les qualités d'amour, d'amitié, de confiance, sur les activités fructueuses avec en plus le désir intense de savoir mieux aimer et donner vos talents pour servir autrui. Si vous projetez ces qualités, au sein même de votre solitude et de votre douleur, vous construisez dans votre esprit une demeure nouvelle que vous ne tardez pas à habiter. Ne vous découragez pas, mais continuez à vous fier à Dieu, car « Il ne te décevra pas ». Endurez votre peine actuelle tout en priant pour un état futur, car une grande joie vous attend.

Où sont les prétendus morts ?

Au moment de leur transition, je me suis trouvé au chevet de beaucoup d'hommes et de femmes. Je n'en ai jamais vu qui aient montré de la crainte. Instinctivement et intuitivement ils sentent qu'ils entrent dans une plus grande dimension de la vie. Thomas Edison dit à son médecin : « C'est bien beau là bas. » Nous sommes tous attristés au sujet de l'état de nos bien-aimés qui ont quitté ce plan de la vie. Comprenons qu'ils vivent dans une autre « maison », dans la maison du Père; seule nous en sépare une plus haute fréquence.

Les prétendus morts sont tout autour de nous; il faut que nous cessions de croire qu'ils sont morts et au loin. Ils sont vivants de la vie de Dieu. Les programmes de la radio et de la télévision emplissent la pièce où vous vous trouvez, bien que, sans un poste récepteur, vous ne puissiez les voir ou les entendre. L'homme est sous l'influence hypnotique de sa croyance en la mort, mais quand il laissera tomber de ses yeux les écailles des siècles de fausses croyances, il comprendra que son existence est au-delà du temps et de l'espace tels qu'ils nous apparaissent et il comprendra et sentira la présence de ceux qu'il appelait « les morts ».

Tenu pour mort, il vécut trois jours hors de son corps

Je considère la mort comme une naissance à la quatrième dimension où nous accédons d'un plan à l'autre par voie ascendante. Il y a trente-six ans, je fus gravement malade et inconscient pendant trois jours. Pendant tout ce temps hors de mon corps, je m'entretins avec des parents qui avaient depuis longtemps quitté la terre; je les reconnus parfaitement. J'avais conscience d'avoir un corps, mais c'était un corps différent de mon corps physique, doué de pouvoirs qui me permettaient de passer à travers les portes closes et, chaque fois que je pensais à un lieu, Londres, Paris ou la Belgique où ma sœur se trouvait, j'y étais immédiatement transporté et à même d'entendre tout ce qui s'y passait. Je m'entretins avec des amis et des bien-aimés de la prochaine dimension et cependant je ne me servis d'aucun langage; tous communiquaient uniquement par la pensée. Il n'y avait point de frontières. Tout semblait être vivant et je n'avais aucun sens du temps. Je me sentais libre, exalté et dans un bonheur indescriptible. Je vis le médecin entrer dans la chambre où se trouvait mon corps et je l'entendis dire : « Il est mort ». Je sentis qu'il touchait mes yeux et vérifiait mes réflexes; je m'efforçai de lui dire que j'étais vivant, mais il ne semblait pas savoir que j'étais là. Je le touchai et m'adressai à lui : « Laissez-moi tranquille, je ne veux pas revenir. » Mais il ne parut pas me sentir ou me voir. Il me fit une piqûre avec quelque stimulant du cœur. J'étais furieux, je ne voulais pas revenir, tout était si beau dans l'état transcendant. Je commençais à me réjouir, à m'intéresser à mes nouveaux amis et à l'étude de la prochaine dimension. Mais on me rappelait à la vie physique et je me sentis rentrer dans mon corps comme dans un corps endormi. Soudain tout sembla disparaître et j'étais comme en prison. Lorsque je m'éveillai, je souffrais du choc dû sans aucun doute à la colère que j'avais ressentie dans mon corps de la quatrième dimension avant qu'il ne pénétrât dans sa contrepartie à trois dimensions. Pour autant que je le sache, j'avais fait l'expérience de ce que le monde appelle la mort et, selon notre sens du temps, j'étais resté inconscient pendant soixante-douze heures. Lorsque les hommes nous appellent des morts, nous fonctionnons tout simplement dans une plus haute dimension de l'esprit.

La mort, c'est la vie dans une vibration plus haute

En réalité, nous vivons dès à présent dans la quatrième dimension. En fait nous vivons dans toutes les dimensions parçe que nous vivons en Dieu qui est Infini. Vos bien-aimés qui sont passés poursuivent leur vie là où ils sont, mais dans une plus haute fréquence vibratoire. Vous savez qu'un ventilateur électrique peut tourner à une vitesse telle qu'il nous devient invisible. De même nous pouvons envoyer cinquante appels sur un câble et la raison pour laquelle ils ne se gênent pas, c'est la multiplicité des fréquences. En raison de leurs différentes longueurs d'ondes, les programmes de radio et de télévision ne s'interrompent pas mutuellement, « n'entrent pas en collision ». Nous interpénétrons tous les plans et notre voyage nous porte toujours en avant et plus haut vers Dieu.

L'Esprit ne cessera jamais d'être.
Il n'y eut jamais de temps où il ne fut pas;
Fin et commencement
Sont des rêves !
Sans naissance, sans mort,
Sans changement
L'Esprit demeure à jamais.
La mort ne l'a pas touché,
Si morte que sa maison paraisse !
Non, mais pareil à celui
Qui quitte sa robe usée
Pour en prendre une neuve,
Disant : « Je la porterai aujourd'hui »,
Ainsi l'Esprit dépose légèrement
Sa robe de chair, et passe,
Pour hériter d'une résidence nouvelle.

LE CHANT CÉLESTE

Points importants à se rappeler

1. Prenez conscience de ce que vous vivez à jamais. La vie n'a pas de commencement, la vie n'a pas de fin. Vous êtes vivant de la vie de Dieu.

2. La mort n'existe pas. Lorsqu'on vous dit mort, vous fonctionnez dans un corps à quatre dimensions.

3. Toute fin est un commencement et lorsque, sur ce plan, la vie est terminée, une vie nouvelle commence.

4. L'homme n'emporte pas son corps, il en revêt un nouveau qui est subtil et atténué. L'homme ne sera jamais sans corps.

5. Vous reverrez vos bien-aimés. L'amour attire et vous aurez une joyeuse réunion.

6. Lorsque vous dormez, vous n'êtes pas conscient du temps tel que, sur ce plan, nous l'évaluons. Il n'y a point d'horloges dans la prochaine dimension de la vie.

7. Nous ne pouvons toujours garder ici nos bien-aimés et lorsqu'ils nous quittent nous devons les laisser aller en Dieu.

8. Nous ne devons jamais pleurer amèrement nos bien-aimés. Nous devons nous réjouir de leur nouvelle naissance en Dieu, les aidant ainsi dans leur progression.

9. Priez pour vos bien-aimés disparus, sachant que l'amour de Dieu les entoure et qu'il les conduit au bord des eaux tranquilles.

10. A vos bien-aimés, vous ne devez ni les larmes, ni le chagrin. Vous leur devez l'amour, la liberté, la joie et toutes les bénédictions du ciel.

11. Sortez de votre abîme de douleur et de votre solitude en vous appuyant sur l'amour, l'amitié, la confiance et une plus grande possibilité d'aimer.

12. Prenez conscience de ce que vos bien-aimés vivent dans une autre maison parmi les nombreuses maisons du Père. Ils ne sont séparés de nous que par une plus haute fréquence.

13. Les programmes de radio et de télévision remplissent votre chambre bien que, sans postes récepteurs, vous ne puissiez ni les voir ni les entendre. Il en va de même pour les prétendus morts qui sont tout autour de nous.

14. Lorsque les hommes nous disent morts, nous vivons dans une plus haute dimension de l'esprit.

15. Nous allons de gloire en gloire, et notre voyage nous conduit toujours en avant, plus haut, vers Dieu.

CHAPITRE VI

La seule chose que vous ne puissiez avoir

A Denver, au cours d'un séminaire d'été sur *La puissance de votre subconscient*[9], une dame me dit : « Je pourrais avoir tout ce que je veux si seulement je parvenais à croire dans mon esprit que je l'ai. » Je lui expliquai que la seule chose que nous ne puissions avoir dans la vie, c'est quelque chose pour rien ; il fallait qu'elle payât le prix. Pour guérir d'une affection cutanée, cette personne priait depuis dix ans sans résultat. Sans en tirer un soulagement appréciable elle avait essayé toutes sortes d'onguents et de lotions.

Le prix qu'elle eut à payer

Cette femme n'avait pas payé le prix et celui de la guérison est le prix de la foi en la présence curative infinie, car « *Il vous sera fait selon votre foi* ». La foi, c'est l'attention, le dévouement et la loyauté que l'on donne à l'unique puissance créatrice, l'Esprit vivant tout-puissant qui créa toutes choses. Le prix que cette femme avait à payer était la reconnaissance de la puissance de Dieu, l'acceptation de sa présence curative et la conviction de ce que la guérison s'accomplissait immédiatement.

Elle avait donné pouvoir aux choses extérieures, disant : « Ma peau est sensible au soleil. » — « Je suis également allergique au froid. » — « Je crois que cet eczéma qui recouvre mon bras est dû à l'hérédité. » — « Ma mère a eu le même mal. » — « Ce sont mes gènes et mes chromosomes qui en sont cause. »

Son esprit était divisé, elle n'avait jamais payé le prix qui consiste à donner toute son attention à Dieu et à ses lois, à lui faire confiance, à croire en lui et à sa guérison qui en résulterait.

[9] La traduction de ce livre est parue aux mêmes Editions. N.T.

La prière fut la réponse

Elle pria ainsi : « La présence curative infinie qui créa mon corps et tous mes organes connaît tous les processus et toutes les fonctions de mon corps. Je déclare, je sens et je sais définitivement et absolument que l'infinie grandeur et la splendeur de Dieu se manifestent dans mon esprit et dans mon corps. L'intégrité, la vitalité et la vie de Dieu coulent à travers moi et chaque atome de mon être est transformé par la lumière qui guérit. Je pardonne à tous entièrement et librement et, sur mes parents et mes beaux-parents, je projette la vie, l'amour, la vérité et la beauté. Je sais que j'ai pardonné à tous parce que je suis maintenant à même de les rencontrer dans mon esprit sans en éprouver la moindre gêne. Je rends grâce pour ma guérison qui s'accomplit dès maintenant, je sais que Dieu répond. »

Plusieurs fois par jour elle répéta cette prière lentement, tranquillement, avec piété. Avant mon départ de Denver elle me dit qu'une amélioration remarquable s'était produite dans tout son être mental et physique; sous ses yeux s'accomplissait une guérison complète.

Il avait fallu qu'elle payât le prix en affermissant son esprit et en le préparant à accepter la guérison. Auparavant son esprit avait été divisé puisqu'elle donnait pouvoir aux régimes, au climat, à l'hérédité et à d'autres facteurs.

Cette dame comprit que le penseur scientifique ne fait point une cause du monde phénoménal ni de ce qui s'y trouve. La cause de tout est l'esprit. Dieu est première cause et Toute-Puissance. Dès l'instant où vous postulez une autre puissance, votre esprit est divisé et votre subconscience ne répond pas à un esprit conscient divisé et perturbé. Dans un ascenseur, si vous pressez à la fois les boutons de montée et de descente, vous ne monterez ni ne descendrez, vous resterez là où vous êtes.

Comment accroître votre foi

La foi vient par la connaissance des lois de votre esprit et par leur diligente application dans toutes vos affaires. Vous pouvez accroître votre foi, tout comme un chimiste peut accroître ses connaissances en chimie, qui lui permettent d'élaborer de merveilleuses compositions pour soulager la misère humaine et faciliter les travaux ennuyeux. Par leurs recherches constantes dans le domaine de la nature et de ses lois, les hommes de science développent leur foi et ils accomplissent de grandes choses.

Pour obtenir sa moisson, le fermier doit déposer ses graines dans la terre. Il faut qu'il donne pour recevoir. Afin de recevoir, il faut d'abord que vous donniez à votre esprit. Avant d'obtenir la santé, la richesse, il faut d'abord que vous imprimiez dans votre subconscient l'idée de la santé, de la richesse : tout ce qui est imprimé s'exprime sur l'écran de l'espace.

L'attention et la persévérance sont fructueuses

Einstein aimait les mathématiques, les mathématiques lui révélèrent leurs secrets. Il était épris et fasciné par l'univers et par ses lois. Il voua son attention dévouée et persévérante au temps, à l'espace et à la quatrième dimension et son subconscient répondit en lui dévoilant leurs secrets.
Einstein expérimenta le principe de l'électricité, le médita et l'expliqua. Il avait le désir intense d'éclairer le monde, de servir l'humanité, et l'électricité lui livra ses secrets. Sachant que la réponse lui serait donnée par sa persévérance et par sa foi, il avait payé le prix. Il fit de nombreuses inventions parce qu'il en paya d'abord le prix en donnant toute son attention, en consacrant tout son intérêt, en se dévouant entièrement à son projet. Dans son cœur et dans son âme il savait qu'il y avait une intelligence subjective qui lui répondrait. Il s'acharna et son esprit profond, sa subconscience, ne le déçut pas.

L'amour est l'accomplissement de la loi

La condamnation et la critique de soi sont les deux émotions les plus destructrices; elles engendrent des poisons psychiques qui nous dérobent la vitalité, la force et l'équilibre, ce qui a pour résultat la débilité générale de tout l'organisme. L'amour est l'accomplissement de la loi, de la santé, de l'harmonie, de la paix et de l'abondance. L'amour, cela signifie que ce que vous vous souhaitez à vous-même, vous le voulez aussi pour autrui. Lorsque vous aimez les autres, vous projetez sur eux la paix et la bonne volonté et vous vous réjouissez de leur succès et de leur bonheur.
Je suggérais à un musicien, afin qu'il devînt éminent, de prier comme suit : « Dieu est le grand musicien. Je suis un instrument, un canal pour le Divin. Dieu coule à travers moi en tant qu'harmonie, beauté, joie et paix. Dieu joue à travers moi l'éternelle mélodie de l'amour et, lorsque je joue, je joue la mélodie de Dieu. Je suis inspiré d'en haut et j'exécute de majestueuses cadences qui révèlent l'éternelle harmonie de Dieu. » En quelques

années ce musicien fut célèbre. Le prix qu'il avait payé était l'attention, la piété et le dévouement envers l'Etre éternel de qui viennent toutes les bénédictions.

Il était en faillite. Il est maintenant multimillionnaire

Celui qui ne parvient pas à « joindre les deux bouts » doit payer le prix et ce prix n'est point la poursuite d'un dur labeur jusqu'aux heures avancées de la nuit, mais la construction dans sa conscience de l'idée de richesse. C'est par droit de conscience que l'homme possède toutes choses. Vous pouvez travailler quatorze ou quinze heures par jour; si votre esprit n'est point productif, vous vous efforcez en vain.
Le Royaume de Dieu est au-dedans de vous. Cela signifie que l'Intelligence infinie, la Sagesse sans borne, la Toute-Puissance de Dieu sont logées dans votre esprit profond. Les idées infinies de Dieu sont à votre portée, si vous vous accordez à elles et si vous vous réjouissez de ce que Dieu vous révèle ce que vous avez besoin de savoir.
Un de mes voisins me raconta il y a cinq ans qu'en 1950 il fit faillite. Il pria pour recevoir des directives et demanda à l'Intelligence créatrice de lui révéler ce qu'il devait faire. Il fut pris de l'irrésistible désir de se rendre dans le désert, y alla et, en méditant, eut l'idée de prendre langue avec son beau-père. Il lui fit part des immenses possibilités qu'il entrevoyait pour cette région désavantagée et son beau-père l'engagea comme promoteur de cette terre désertique. Aujourd'hui multimillionnaire, il a sa propre agence. L'intuition est en vous; cet homme en reçut ses directives.

La réponse est intérieure

Le fait même que vous désiriez une réponse indique que la réponse est déjà présente dans l'univers mental et spirituel dans lequel vous vivez, dans lequel vous avez le mouvement et l'être. Dieu est le donateur et le don, et l'homme doit apprendre à recevoir le don que Dieu lui a déjà donné. « *Avant qu'ils n'appellent, je répondrai.* » L'Intelligence infinie connaît la réponse dont vous avez besoin et répond à votre pensée.
Il y a quelques années, je me trouvais à Jasper Park Lodge, Alberta, au Canada. Une des femmes de chambre de l'hôtel avait un problème très angoissant et je lui suggérai de remettre sa requête à son esprit subcons-

cient, le soir avant de s'endormir. A son esprit profond, elle parla en ces termes : « Révèle-moi la réponse. » Elle s'endormit sur cette prière. Le jour suivant elle reçut un câble d'Ontario qui résolut son problème. Elle avait eu à payer le prix en pensant à la solution dont elle avait besoin, sachant que celle-ci lui viendrait. Elle accorda son attention à son esprit profond et le lendemain matin en reçut le message. Il y a quelque chose que vous avez à faire, puis vient la réponse.

Comment réaliser votre désir

La vie universelle s'exprime en vous en tant que désir. Cette vie-principe vous révélera le moyen d'accomplir votre rêve. Elle sait comment le réaliser, mais il faut que vous ouvriez votre esprit et votre cœur pour recevoir pleinement le don de Dieu.

Rejetez de votre esprit toutes les idées préconçues, toutes les fausses croyances et les superstitions et comprenez que « *Toutes choses sont prêtes si l'esprit est prêt* ». Cela signifie qu'il vous faut ordonner votre esprit et vos pensées pour vous conformer à l'antique vérité selon laquelle tout ce que vous cherchez est déjà dans l'Entendement infini. Tout ce que vous avez à faire, c'est vous identifier mentalement et émotionnellement à votre désir, à votre idée, votre projet ou votre but, en sachant qu'il est aussi vrai que votre main ou votre cœur.

Tandis que vous cheminerez dans la conviction que votre prière est exaucée, vous aurez la joie d'en faire objectivement l'expérience. L'invention est aussi réelle dans l'esprit de l'inventeur que sa contrepartie objective. Voilà pourquoi votre désir ou votre projet sont réels, objectivement parlant.

Comment elle devint une grande danseuse

A Jasper Park Lodge je vis danser une jeune fille. Il était aisé de voir que la sagesse, l'intelligence, l'ordre et le rythme du Tout-Puissant coulaient en elle : elle dansait pour Dieu. A juste titre, elle fut extrêmement acclamée. Elle me dit que son professeur lui avait conseillé de prier en affirmant que Dieu dansait à travers elle et que sa beauté, son ordre, son équilibre et sa sagesse agiraient toujours à travers elle. La lutte, le labeur ardu ne donnent point la réponse, elle nous vient lorsque nous adorons Dieu et faisons confiance à sa puissance.

Comment les flocons de neige firent trouver la fortune à Henry Hamblin

En Angleterre, Henry Hamblin me raconta qu'il s'était un jour trouvé dans des difficultés pécuniaires. Rentrant chez lui sous la neige, il se dit soudain que la richesse, l'amour et la bonté de Dieu étaient comme les milliards de flocons qui tombaient sur Londres. Il précisa : « J'ouvris mon esprit et mon cœur aux richesses infinies de Dieu, sachant que son abondance, son amour et son inspiration tombaient sur mon esprit et mon cœur comme les flocons sur la ville. » A partir de ce moment l'abondance lui vint libéralement, joyeusement, sans fin; il n'en manqua jamais plus. Il avait changé son état de conscience et il lui fut fait selon son nouvel état; il était devenu un instrument des richesses de la vie, spirituellement, mentalement, de toutes façons.

Recevoir quelque chose pour rien n'existe pas.

« Reconnais-Le dans toutes tes voies et Il aplanira tes chemins. Fais-Lui confiance et crois en Lui. Il te donnera ce que tu veux. » (Proverbes 3 : 6)

Points principaux à retenir

1. Vous ne pouvez obtenir quelque chose pour rien.

2. Pour la guérison, le prix à payer est la foi en l'infinie présence curative, car « *il vous est fait selon votre foi* ».

3. Vous savez que vous avez pardonné à tous lorsque, dans votre esprit, vous pouvez rencontrer tranquillement celui auquel vous en vouliez.

4. Le penseur scientifique ne prend pas les choses extérieures pour des causes, il sait que ce ne sont que des effets.

5. Vous accroissez votre foi en étudiant de mieux en mieux l'interaction de votre conscient et de votre subconscient.

6. La persévérance, la ténacité et la confiance dans le succès vous apporteront de fabuleux résultats.

7. Lorsque vous aimez vraiment autrui, vous vous réjouissez de son succès, de son bonheur, de son bien-être.

8. Identifiez-vous mentalement et émotionnellement à votre désir et attendez avec conviction que votre prière soit exaucée ; elle le sera.

9. La lutte, le labeur ardu ne mènent pas à de grands accomplissements. L'adoration de Dieu et la conscience de Sa puissance donnent les réponses.

10. Spirituellement, mentalement et de toutes les façons, mettez-vous à l'unisson de l'infini, vous deviendrez alors un instrument des richesses de la vie.

CHAPITRE VII

Comment prier plus efficacement

« *Tout ce que vous désirez, lorsque vous priez, croyez que vous l'avez reçu, et vous l'aurez. Et, quand vous priez, si vous avez quelque chose contre quelqu'un, pardonnez, afin que votre père qui est dans les cieux vous pardonne aussi vos péchés.* » (Marc 11 : 24-25)

En mai 1963, au cours d'une série de conférences au Town Hall de New York, un homme vint me consulter parce qu'il ne parvenait pas à trouver de situation. Il était sans travail depuis six mois. Cet homme croyait qu'il était incapable de trouver un emploi. Il avait une femme et trois filles. Il se croyait un naufragé de la vie et il avait peur de l'avenir. Je lui dis ceci : « Vous avez un très beau passé et des talents uniques. Le monde des affaires a absolument besoin de vous et seule votre croyance négative vous empêche de réussir. Tout ce que vous avez à faire est de changer cette attitude négative et de contempler le côté positif de la vie. Il faut que vous ayez foi en vos pouvoirs intérieurs, en vos capacités, en votre expérience, et votre vie changera. Dans l'univers, il n'y a pas d'inaptes : il y a une place pour chacun. Ce n'est ni votre âge ni vos cheveux blancs que vous vendez, mais vos talents, vos capacités et l'expérience que vous avez accumulée au long des années. Ce que vous cherchez vous cherche. Il y a un patron qui a autant besoin de vous que vous avez, vous, besoin d'une situation. Croyez maintenant que la sagesse de votre esprit subconscient va vous guider et vous diriger vers votre vraie place. Acceptez-la et la porte que vous cherchez s'ouvrira. La vie vous a créé dans un but précis, il faut que vous y acceptiez votre rôle. Croyez que dès maintenant vous recevez vos directives, vous les recevrez. »

A la suite de ce colloque, j'écrivis pour mon consultant une prière spéciale que je lui demandai de répéter lentement, à haute voix, en croyant à chacune de ses paroles. Je lui expliquai que *croire,* c'est accepter quelque chose comme étant vrai La prière était la suivante : « Je sais qu'il y a une loı parfaite de provision et de demande. Je suis instantanément en contact avec tout ce dont j'ai besoin. Je suis dirigé à présent vers ma vraie place où je donne libre cours à mes talents, où je fais ce que j'aime faire et où je reçois en toute honnêteté de merveilleux émoluments.

Lorsque cet homme me quitta, il avait une attitude d'esprit toute différente; il avait abandonné l'idée que son problème était insoluble et croyait en sa solution (*« Croyez que vous avez reçu... »).*

Un peu plus tard il m'appela à l'Hôtel Algonquin où je descends lorsque je vais à New York et il me dit : « J'ai été dirigé vers la place que je cherchais, j'ai dit ce qu'il fallait dire et j'ai fait très bonne impression sur mon patron. Il m'a immédiatement engagé. » Cet homme avait découvert les énormes bénéfices que nous recevons tous lorsque nous apprenons à prier efficacement.

Votre pensée est votre prière

En principe chacune de vos pensées, chacun de vos sentiments constitue votre prière. Dans un sens spécifique, la prière est un contact conscient avec l'Intelligence infinie qui est en vous. La prière, pour être efficace, doit être basée sur la prémisse spirituelle qu'il y a en nous une Intelligence suprême qui devient la chose que nous désirons, dans la mesure où nous acceptons cela comme vrai. La prière efficace est une attitude d'esprit soutenue, affirmative, qui a pour résultat la conviction. Quand votre désir est complètement accepté subconsciemment, il agit automatiquement en tant que partie de la loi créatrice. Votre conviction est prouvée quand votre esprit en accepte complètement l'idée au point que vous n'en puissiez plus concevoir d'autre. Il faut que vous croyiez ce que vous voulez croire; c'est alors que vous impressionnez vraiment votre subconscient; c'est alors que votre subconscient vous répond en conséquence.

La prière efficace exige le pardon

Une charmante femme d'affaires vint me consulter. Elle avait l'obsession du suicide et me dit que, recrue de fatigue, elle détestait la vie et n'avait aucune raison de vivre. Enceinte, elle avait été abandonnée par son mari, qui avait fui au Canada avec une jeune personne. Ma consultante avait lutté pour « joindre les deux bouts ». Elle avait travaillé dur tout en élevant son enfant. Non seulement son mari ne lui servait aucune pension, mais il s'était enfui avec tout l'argent déposé à la banque au nom du ménage; il avait également emporté sa bague de diamants. Elle n'en avait plus entendu parler mais, par des amis, elle savait qu'il avait obtenu le divorce au Nevada et qu'il était au Canada l'époux de la jeune fille enlevée.

Le cœur et l'esprit de ma consultante étaient ulcérés, elle était pleine d'amertume, de ressentiment, de profonde hostilité. Elle dit : « Les autres femmes autour de moi sont heureuses en ménage, elles ont des maris aimants, mais la vie m'a oubliée. Je vieillis, je suis seule, tout cela est si injuste. »

Elle décida de prier fréquemment ainsi : « Je libère complètement mon ex-mari. Pleinement et librement, je lui pardonne, et sincèrement je désire pour lui l'affection, la paix, la joie et le bonheur avec sa femme actuelle. Je me réjouis de sa réussite et de son bien-être. Je lui souhaite la santé, la prospérité et la paix intérieure. Je sais que mon subconscient s'imprègne de ces vérités que j'affirme. Il n'y a plus d'amertume dans mon cœur; l'amour de Dieu l'a dissous et je suis libre. »

Trois semaines plus tard, elle m'écrivit : « *Un miracle a eu lieu ! Selon votre formule, j'ai prié pour le bien de mon ex-mari. Il m'a téléphoné de Québec pour me demander des nouvelles de notre fille qu'il n'a jamais vue. Il m'a dit que depuis quelques semaines il était perturbé à l'idée de sa mauvaise conduite envers elle et de n'avoir jamais contribué à sa subsistance. Il m'a envoyé un chèque de 6000 dollars et, de plus, il s'engage à payer tous les frais de ses études à l'université. Tout cela est comme un grand rêve !* »

Ce n'était point un « miracle »; c'était le résultat d'une prière efficace. Cette dame s'était débarrassée de son hostilité et de son ressentiment, elle avait complètement libéré son mari et lui avait entièrement pardonné. Elle avait obéi à l'injonction : « *Lorsque vous vous tenez debout pour prier, pardonnez...* » Son subconscient avait répondu à l'acte de pardon.

En quelques mois sa vie se transforma. Son avocat la demanda en mariage et j'eus le privilège de les marier. Il n'y avait aucun doute dans son esprit que ceci était le fruit de la loi divine de l'attraction. Cette personne avait appris que la prière apporte d'immenses bénéfices.

Votre esprit subconscient sait comment agir

Il y a dans votre subconscient une Intelligence infinie qui répond au penser de votre esprit conscient et à votre imagination. Il faut que, dans votre esprit conscient, vous parveniez à une décision bien définie; il faut savoir ce que vous voulez et puis faire confiance à votre esprit profond afin qu'il vous réponde. Lorsque vous remettez votre requête à votre esprit subconscient, il faut que vous le fassiez avec la conviction absolue qu'il connaît le moyen de l'accomplissement et qu'il va vous répondre selon la nature de votre requête.

La Bible dit : « *Demandez et vous recevrez, cherchez et vous trouverez, frappez et on vous ouvrira. Car tous ceux qui demandent reçoivent, celui qui cherche trouve et on ouvre à celui qui frappe. Quel est celui d'entre vous qui, si son fils lui demande du pain, lui donnera une pierre ? Ou s'il demande un poisson, lui offrira un serpent ?* »

La Bible vous dit ici que si vous demandez du pain, vous ne recevrez point une pierre, mais plutôt la réalisation de votre requête. Continuez à demander, à chercher et à frapper jusqu'à ce que vous obteniez une réponse de votre esprit subconscient dont la nature est de répondre. Soyez enthousiaste et sentez qu'il y a une solution à tout problème, un moyen pour sortir de tout dilemme et qu'il n'y a pas d'état incurable, car avec Dieu tout est possible.

Comment elle retrouva sa bague de diamants

Voici une anecdote qui illustre bien la façon dont la prière efficace agit. Une dame de Los Angeles perdit une très belle bague de diamants et en fut pendant un moment très tracassée. Elle se dit : « Comment dois-je penser à cette bague selon la vérité ? » Puis elle se répondit à elle-même : « Rien ne se perd dans l'entendement infini. Mon esprit subconscient sait où se trouve ma bague et m'y conduit. » Quelques minutes plus tard elle eut le sentiment qu'il lui fallait aller au terminus de l'autobus au Wilshire dans Lucerne Boulevard : elle retrouva sa bague dans la rue, près de l'arrêt de l'autobus. Elle l'avait vraisemblablement perdue en faisant de la monnaie avant de monter dans la voiture. La vérité l'avait libérée de l'inquiétude.

Pour prier efficacement, il faut modifier votre esprit et vous conformer aux vérités éternelles de Dieu qui ne changent jamais, sans mendier ni supplier; vous réordonnez simplement votre esprit et vous vous mettez d'accord avec la vérité.

Comment il récupéra ses pertes d'argent

Récemment, un homme d'affaires fut victime d'un vol de 15 000 dollars. Un escroc l'avait circonvenu pour qu'il plaçât des fonds dans une mine inexistante. Il s'aperçut trop tard que les parts qu'il avait reçues étaient sans aucune valeur. Son voleur avait disparu et la police ne l'avait pas retrouvé.

Cet homme d'affaires se remit en mémoire certaines vérités fondamentales qu'il avait apprises, à savoir qu'il ne pouvait subir de pertes à moins d'en accepter l'idée dans son esprit. De plus, il décréta que toutes choses sont présentes dans l'Entendement infini et que tout ce qu'il décrétait et croyait déterminerait ce qu'il obtiendrait. Il affirma avec force : « Rien ne se perd. Je m'identifie mentalement et émotionnellement à cet argent que j'ai donné à ... et mon esprit remplit mon compte en banque dans l'ordre divin. »

Il répéta fréquemment cette prière et, peu de temps après, grâce à un autre placement, l'argent lui revint dans l'ordre divin.

Lindbergh prie efficacement

Charles Lindbergh savait la valeur de la prière. Le récit de son célèbre vol vers Paris est connu de tous. Il traversa l'Atlantique sans co-pilote, sans radio ni parachute, uniquement guidé par une boussole. Il s'endormit dans l'avion, *les yeux ouverts*, et fit l'expérience des hautes puissances de son esprit subconscient, gouvernant et contrôlant son esprit et son corps qui dirigeaient le vol et, quand il le fallait, stimulaient son activité.

Lorsque le fonctionnement de son esprit conscient, raisonnant, fut suspendu par le sommeil, Lindbergh eut conscience de vagues *formes* transparentes qui volaient avec lui. Il dit : « Mon crâne est comme un grand œil. » Ces êtres de la quatrième dimension avaient des formes semblables à des fantômes et ils étaient très cordiaux, parlant à Lindbergh en termes humains et lui donnant d'importants conseils de navigation, le rassurant et le réconfortant tout au long du chemin. Ces êtres amicaux n'avaient pas de corps palpables, mais ils avaient néanmoins forme humaine.

Cette expérience illustre les pouvoirs immenses des profondeurs de votre esprit; lorsque vous faites confiance absolue à votre subconscient, vous obtenez toujours la réponse dont vous avez besoin. Lindbergh ne put constamment faire le point ni fixer son attention sur sa route; néanmoins, lorsqu'il s'éveilla, il aperçut toute l'Irlande, n'étant plus qu'à quelques miles de son but.

Emprunté à la vie d'un des plus grands aviateurs du monde, cet épisode doit vous donner foi et confiance en la puissance miraculeuse qui est en vous.

Comment triompher de la discorde

Si la discorde règne à votre foyer ou à votre bureau, affirmez que Dieu est harmonie absolue et que cette harmonie règne suprêmement en votre esprit et dans celui de l'autre ou des autres personnes. Continuez de prier ainsi jusqu'à ce que le jour se livre et que les ombres fuient. Cette prière vous donnera les résultats que vous souhaitez.

Dans le sens de la paix et de l'harmonie, transformez toutes vos pensées, votre imagination et vos réactions. Si quelqu'un vous oppose la haine, prenez conscience de ce que, dans l'esprit et dans le cœur de cette personne l'amour de Dieu dissout tout ce qui ne lui est pas semblable. Telle est la prière efficace. Ce qui est vrai au sujet de Dieu est vrai pour vous aussi et savoir que cela est la vérité vous libère.

Si vous ne percevez pas la solution d'un angoissant problème, affirmez que la sagesse de Dieu vous la révèle; vous la recevrez.

La solution de tous vos problèmes

Dieu est le nom de ce qui, dans votre vie, est le plus haut et le meilleur, le principe de vie et la façon dont votre esprit conscient et subconscient travaille. Là où vivent l'amour, la paix, l'harmonie et la joie de Dieu, il n'y a ni mal, ni force nuisible, ni maladie. La solution de tous vos problèmes, c'est la présence de Dieu, la pratique de sa présence, autrement dit remplissez votre âme de l'amour, de la paix et de la puissance de Dieu. Si vous croyez à la maladie, à l'échec qui vous afflige, vous obtiendrez toujours les réactions de votre croyance.

Les grandes vérités de Dieu sont accessibles à tous les hommes; le soleil brille sur le juste et sur l'injuste comme la pluie tombe sur les méchants et sur les bons. Ce qui est nécessaire, c'est la foi en Dieu. La foi est la signification véritable de la pratique de la présence de Dieu.

Toucher le bord du vêtement

Le huitième chapitre de l'Evangile selon Luc nous conte une merveilleuse histoire, celle de la femme hémorroïsse depuis douze ans (probablement atteinte d'un cancer) et qu'aucun médecin n'avait pu guérir. La Bible dit qu'elle se pressa dans la multitude pour toucher le bord du vêtement de Jésus et qu'instantanément elle fut guérie.

Dans le langage psychologique cela veut dire que tout homme, toute femme sincères et persévérants se frayent un chemin à travers les diverses opinions, les fausses croyances et les craintes de leur esprit qui empêchent la guérison; lorsqu'ils les écartent pour se donner de tout leur cœur à Dieu, la réponse dont ils ont besoin leur vient. La femme dont il est ici question se remit complètement à la présence de Dieu; Dieu répondit par sa présence curative et elle fut guérie.

Avez-vous la confiance absolue ?

Avez-vous la confiance absolue en Dieu et en sa présence curative ? Il y a quelque temps, j'écoutais le directeur des ventes d'une firme parler à ses collaborateurs. Il leur dit que, le premier pas étant de trouver des clients, le second est d'obtenir leur attention et leur intérêt. Le troisième pas est de gagner leur confiance et de faire naître le désir d'acheter, le quatrième consiste à savoir que la vente est accomplie.

Avez-vous la confiance absolue en Dieu, croyez-vous implicitement que Dieu, intelligence infinie, peut vous guérir, résoudre vos problèmes, vous mener sur la haute route du bonheur et de la paix de l'esprit ? Si oui, vous vous reposerez sur ce Moi supérieur, Dieu. Donnez-lui votre attention et votre amour. Croyez que le Dieu qui vous créa peut vous guérir. Soyez sincère et honnête, reconnaissez-lui tout pouvoir; donnez à Dieu votre fidélité et votre dévouement. Ne les donnez à aucune autre puissance. C'est ainsi seulement que vous démontrerez votre confiance en lui.

Servez-vous convenablement de votre esprit. Refusez de donner pouvoir à quoi que ce soit si ce n'est au vivant esprit tout-puissant qui est en vous. Vous serez alors semblable à la femme hémorroïsse qui réussit à percer la foule de l'entendement racial et à toucher mentalement et émotionnellement la présence de Dieu, ce qui instantanément la guérit.

Les quatre pas pour prier efficacement

Le premier pas est la fidélité, le dévouement, la loyauté à la seule présence, seule puissance-Dieu. Cette puissance est en vous. Elle créa votre corps et elle peut le guérir.

Deuxièmement, il faut que vous refusiez définitivement, absolument et complètement de donner pouvoir à une chose extérieure, à une autre puissance que Dieu. Vous ne devez donner aucun pouvoir au monde phénoménal, ni à une personne, ni à un lieu, ni à une chose.

Troisièmement, quel que soit le problème, la difficulté ou la maladie, détournez-vous-en et affirmez, en le sentant profondément : « Dieu est, et sa présence curative coule à travers moi en ce moment, me guérissant et vivifiant tout mon être. Dieu coule à travers moi en tant que ma réponse, action juste et divine liberté. »

Quatrièmement, rendez grâce pour la solution heureuse. Réjouissez-vous et dites : «Père, je te rends grâce pour la réponse parfaite et je sais que cette réponse est dès à présent Dieu en action. J'ai mentalement touché le bord de ton vêtement et je me fie uniquement à ta puissance et à ta présence. C'est merveilleux. »

Comment prier quand vous êtes malade

Tournez-vous vers Dieu qui vous habite et rappelez-vous sa paix, son harmonie, son intégrité, sa beauté, son amour sans bornes et sa puissance sans limites. Sachez, comprenez que Dieu vous aime et qu'il a soin de vous. En priant ainsi, vous verrez que votre crainte s'évanouira peu à peu.

Si vous priez au sujet d'un état cardiaque, ne pensez pas que votre cœur est malade, ce ne serait pas penser spirituellement. Les pensées sont choses vivantes. Votre pensée spirituelle prend la forme de vos cellules, de vos tissus, de vos nerfs et de vos organes. Penser à un cœur malade, à la tension artérielle tend à suggérer une aggravation de votre état. Cessez de vous appesantir sur des symptômes, sur vos organes ou sur quelque partie de votre corps que ce soit.

Tournez votre pensée vers Dieu et vers son amour. Sachez et sentez qu'il n'y a qu'une seule présence, puissance curative et son corollaire : *Il n'y a aucune puissance qui puisse défier l'action de Dieu.* Tranquillement et avec amour affirmez la présence curative de Dieu, qui élève, guérit et fortifie, coule à travers vous et vous rend parfaitement sain. Sachez et sentez que la beauté, l'harmonie et la vie de Dieu se manifestent en vous en tant que force, paix, vitalité, beauté, intégrité et activité juste. Ayez de cela une réalisation claire, et votre état cardiaque, ou tout autre état pathologique, disparaîtra dans la lumière de l'amour de Dieu.

« *Glorifiez Dieu dans votre corps* » (Corinthiens 6 : 20).

Quelques points importants

1. Croyez que vous recevez des directives, vous les recevrez.

2. Chacune de vos pensées, chacun de vos sentiments est votre prière.

3. La prière efficace est une attitude d'esprit soutenue et efficacement affirmative, qui a pour résultat la conviction.

4. *Pardonner,* c'est souhaiter sincèrement à l'autre ce que vous vous souhaitez. Souhaitez-lui l'harmonie, la santé, la paix et toutes les bénédictions de la vie.

5. Lorsque vous faites appel à l'Intelligence infinie dont la nature est de répondre, vous obtenez certainement une réponse. La foi doit être basée sur cette connaissance.

6. Continuez à demander, à chercher et à frapper; votre subconscient répondra.

7. Votre subconscient sait où se trouve l'objet que vous avez perdu. Faites appel à sa sagesse, il vous répondra.

8. Vous ne pouvez perdre que si, dans votre esprit, vous acceptez cette perte.

9. Lorsque vous ferez confiance à la puissance de votre subconscient, vous recevrez toujours une réponse.

10. La paix, l'harmonie, l'abondance et la santé parfaite indiquent en vous la présence de Dieu.

11. Dieu est le nom de ce qu'il y a de plus haut et de meilleur dans votre vie, le principe de vie, l'harmonieuse interaction de votre esprit conscient et de votre esprit subconscient.

12. Abandonnez-vous entièrement à la présence de Dieu, elle vous répondra et vous guérira.

13. Vous êtes dans la foi absolue en Dieu lorsque vous croyez que l'Intelligence infinie qui vous créa, peut vous guérir.

14. Les quatre pas de la prière scientifique sont :
    1. La reconnaissance de la présence curative de Dieu.
    2. L'acceptation complète de cette unique puissance.
    3. L'affirmation de la vérité.
    4. Se réjouir et rendre grâce pour la réponse.

15. Cessez de vous appesantir sur vos symptômes, vos organes ou sur quelque partie de votre corps. Sachez et sentez que l'Infinie Présence curative coule à travers vous en tant qu'harmonie, santé et paix, vous rendant à la santé parfaite.

CHAPITRE VIII

Lève-toi et marche

Le Dr Evelyn Fleet, qui dirige le Psychological Truth Forum à Londres en association avec l'auteur du présent ouvrage, me parla d'un de ses amis que l'arthrite rendait infirme depuis des années. Sans aucun résultat il avait pris toutes sortes de médicaments et suivi les meilleurs traitements médicaux. Le Dr Fleet me dit que récemment, dans son club de Londres, cet homme s'était levé et avait démontré qu'il pouvait fléchir les doigts, plier les jambes et faire tout ce qu'il ne faisait plus quand il était immobilisé par l'arthrite, car ses articulations étaient ankylosées et ses mains et ses jambes déformées. Son état s'était transformé voici comment : Après plusieurs années de soucis, désespéré, il dit à son médecin spécialiste : « Ne peut-on donc rien faire ? Il faut que je guérisse ! »
Son médecin lui répondit : « Oui, si vous débarrassez votre âme de toute cette amertume, de toute cette mauvaise volonté, de toute cette hostilité, je crois que vous pourrez guérir. »
Ces paroles décidèrent de sa vie. Animé du désir intense de guérir, il se promit de nettoyer son esprit une fois pour toutes. Il se rendit compte qu'il s'était accroché à de vieilles rancunes et qu'envers une quantité de personnes il avait été tout bouillant de vindicte et de ressentiment. De plus, il se condamnait depuis des années parce qu'à un moment donné, il avait détourné à son profit une grosse somme d'argent appartenant à un parent pour qui il travaillait. Il n'avait jamais rendu cet argent et il se sentait puni pour ce qu'il appelait son « péché ». Il dit que sans doute il méritait ce qui lui était arrivé et que Dieu le châtiait.
C'est alors qu'il consulta le Dr Fleet, qui lui rappela les paroles de Jésus à l'homme paralytique : « Mon fils, prends courage, tes péchés te sont pardonnés » (Matthieu 9 : 2). Est-il plus aisé de dire : « Tes péchés te sont pardonnés » ou « Lève-toi et marche » (Matthieu 9 : 5) ? lui demanda-

t-elle. Le Dr Fleet dit à cet homme qu'il devait se pardonner à lui-même et rendre son bien à son parent. Il rendit l'argent en l'envoyant anonymement et en ressentit un immense soulagement. Puis, suivant le même conseil, il fit une liste de tous ceux qu'il haïssait et détestait et les bombarda plusieurs fois par jour de pensées harmonieuses, bienveillantes et affectueuses. Il se pardonna d'avoir, pendant des années, entretenu toutes ces pensées négatives et vengeresses. Chaque jour il remplit son esprit des pensées des Psaumes 23 et 91 et il affirma constamment : « L'amour de Dieu purifie mon esprit et mon corps et je suis guéri. »
Le Dr Fleet me présenta à cet homme en août 1963; il était alerte, plein de vitalité et de bienveillance.

Le secret de sa guérison

Il accepta l'idée qu'il avait le droit d'être bien portant. Tant qu'il pensait qu'il devait être puni, il s'accrochait à son état d'infirme. Quand il comprit que tout ce qu'il avait à faire, en croyant à son droit à la santé parfaite, était se pardonner et pardonner aux autres et réparer le mal qu'il avait fait, son esprit subconscient lui répondit. Cet homme fit la preuve des puissants bénéfices de santé, de paix de l'esprit et de vitalité qui récompensent le pardon de soi et d'autrui : « Tes péchés te sont pardonnés; *lève-toi et marche !* » (Matthieu 9 : 5).

Il jeta ses béquilles

En février 1963, je parlais à Hong Kong devant un auditoire d'hommes d'affaires et l'un d'eux m'énuméra toutes les raisons pour lesquelles il ne pouvait guérir de sa maladie. Il se trouvait toutes sortes de raisons et d'excuses, s'en prenant au temps, au passé, aux conditions présentes, aux circonstances, à l'hérédité, etc. Plutôt qu'à l'infinie présence curative en lui-même il donnait priorité aux choses extérieures. Ses amis lui disaient qu'il ne guérirait jamais, que Dieu le punissait, qu'il l'avait offensé et qu'il devait se résigner à son état.
Depuis cinq ou six ans il souffrait cruellement d'une ulcération de la jambe, qui le faisait boiter, l'obligeant même de temps à autre à se servir de béquilles. L'ulcération se fermait pendant un temps, puis reprenait de plus belle. Il me dit que son père avait souffert du même mal, qu'il supposait héréditaire. Il ajouta qu'il s'y était résigné.

Je lui expliquai la signification de la citation biblique : « Lève-toi, prends ton lit et marche »(Jean 5 : 8). Autrement dit : Cessez de rester couché sur le lit de votre esprit et d'écouter toutes ces suggestions fausses au sujet d'autres puissances. Prenez dans votre esprit la puissance de Dieu et faites appel à sa présence curative, elle coulera à travers vous pour vous vivifier, vous transformer et vous rendre à la santé.

Cet homme cessa de craindre et de s'attendre à un retour de son mal. Pendant cinq à dix minutes, matin et soir, il affirmait dans un sentiment profond : « J'ai un Partenaire silencieux, une présence curative qui sait comment me guérir et qui, à présent, me rend à la beauté de l'intégrité. Je crois que mon Partenaire silencieux sature maintenant tout mon être de son amour, de sa beauté et de sa perfection. »

Ce léger changement dans son attitude le sortit de l'infirmité et de la douleur et le conduisit à la santé radieuse. En juin 1963, je reçus une lettre de lui m'annonçant qu'il avait brûlé ses béquilles et qu'il marchait, libre et heureux. Il avait décidé de se lever et de marcher par la puissance de Dieu.

La puissance est en vous

A Madrid, il y a quelques années, en arrivant à l'hôtel et en attendant mon tour à la réception, j'entendis un employé qui s'efforçait de calmer une femme très en colère. Elle lui disait qu'il était stupide et qu'il serait renvoyé. Sa réaction m'intéressa : « Je regrette, madame, dit-il, il doit y avoir une erreur. Nous n'avons pas votre nom sur nos registres et point de chambre réservée pour vous. Mais je vais faire de mon mieux et certainement je vous trouverai quelque chose. »

La dame continua ses furieuses tirades, ponctuées de temps à autre par les « Oui, madame » du secrétaire et des « Je suis désolé de ce contretemps et, si j'étais à votre place, je penserais comme vous. »

J'observai ce jeune homme. Il n'eut pas une répartie coléreuse, son visage resta impassible; il ne manifesta pas la moindre irritation. Il regarda calmement la voyageuse de New York et demeura agréable, amical, courtois et plein d'efficience.

Quand mon tour vint de me faire connaître, je lui dis : « J'admire votre tranquillité, je vous en fais mon compliment. » Il me répondit en me citant le verset 19 du 21e chapitre de Luc : « Dans la patience possède ton âme ». Ce jeune homme, étudiant à l'université, ne se laissa pas décontenancer par les éclats de cette femme. Il était maître de ses pensées et de ses réponses. Il m'apprit que tous les employés de l'hôtel, les femmes de chambre, les grooms et les chauffeurs étaient des étudiants de diverses universités euro-

péennes qui, pendant les mois d'été, travaillaient pour payer leurs études. Cet homme a une patience qui implique la maturité d'esprit, la santé mentale, une compréhension philosophique; il ira loin.
Gardez constamment à l'esprit que la puissance est en vous et non dans les autres.

Un bègue devient conférencier

Autrefois l'auteur du présent ouvrage s'entendit dire par un professeur qu'il ne pourrait jamais parler en public et qu'il y fallait renoncer. J'étais alors un jeune garçon et je bégayais beaucoup. Ma réaction à ces paroles fut celle de la colère et je me promis ceci : « Eh bien, je lui montrerai ! Je parlerai en public à des milliers de personnes. » Mon subconscient répondit en conséquence et ma conviction se manifesta. Instinctivement j'avais rejeté les suggestions de cet homme. Si j'avais accepté sa déclaration négative, j'aurais été victime de l'auto-hypnose et ne serais jamais devenu conférencier.

Comment elle devint cantatrice

A Vienne un professeur déclara à Mme Schumann-Heink qu'elle n'avait pas de voix. Il lui conseilla de rentrer chez elle et de devenir une bonne *Hausfrau* (maîtresse de maison). Elle rejeta cette suggestion et refusa d'accepter son verdict. Elle croyait que Dieu lui avait donné une voix pour chanter et qu'il lui montrerait comment s'en servir, ce qu'il fit. Nous connaissons tous les majestueuses cadences et les chants de Dieu qu'interpréta sa voix.

Vaincre les complexes d'infériorité et de rejet

Dans un magasin de Los Angeles, je dis à une jeune vendeuse : « Vous êtes une jeune fille charmante et ravissante. » Elle me répondit : « Oh ! ne dites pas cela. Ma mère prétend que je suis la plus laide et la plus gauche de toute la famille. »
Cette enfant le croyait, mais elle changea d'avis quand elle comprit qu'elle était victime des suggestions négatives de sa mère. Elle saisit rapidement quelle était la fonction de son esprit subconscient et j'implantai dans son esprit l'idée qu'elle était une fille de Dieu, unie à sa puissance et à sa

sagesse infinie. Elle forme à présent une véritable image d'elle-même en tant qu'enfant de Dieu et elle est équilibrée, sereine et pleine de confiance. Affirmer « Je suis une enfant de Dieu » pour dire l'instant d'après « Je suis laide et gauche » crée dans l'esprit un conflit qui a pour résultat un profond complexe d'infériorité et de rejet.

La puissance de la pensée

« *Tel un homme pense en son cœur, tel il est.* » La pensée est la seule puissance créatrice. Vous devez penser du point de vue de Dieu et des vérités éternelles et non de celui de l'opinion humaine, des fausses croyances ou de la progagande mondiale.

La vérité à votre sujet, c'est que Dieu cherche à s'exprimer à travers vous. Vous êtes un instrument de Dieu et vous devez prendre conscience de la puissance de votre propre pensée, de vos idées et de vos images mentales. Ne permettez pas que votre esprit soit encombré par les fausses impressions et les aperçus partiels des vérités de Dieu. Si vous voulez vous élever spirituellement, il faut cesser une fois pour toutes de donner pouvoir aux conditions, aux circonstances, aux personnes ou aux choses extérieures. La seule puissance, c'est Dieu, et vous lui êtes uni lorsque vous pensez : « Dieu est la seule présence et la seule puissance. Mes pensées sont les pensées de Dieu, et la puissance de Dieu est dans mes pensées de bien. » Dieu est le vivant esprit qui est en vous, qui vous a créé et qui cherche à s'exprimer à travers vous en tant qu'harmonie, joie et paix. Il n'y a aucune puissance inhérente aux suggestions d'une autre personne, que ce soit un prêtre, un médecin, un journaliste ou qui que ce soit. Les suggestions de crainte et d'impuissance n'auront aucun effet sur un homme qui a foi en Dieu et en toutes choses bonnes.

La radio, la télévision et les journaux déversent sans cesse des suggestions de toutes sortes, bonnes et mauvaises, mais beaucoup de personnes n'en sont pas affectées. De même, vous avez le pouvoir de rejeter toutes les suggestions négatives et destructrices, parce que votre pensée, étant la seule puissance créatrice, vous pouvez choisir vos pensées.

Il se mourait lentement

A Hawaï, il y a quelques années, je rendis visite à un vieil ami. Il me dit qu'il était victime de la malédiction d'un *Kahuna* et qu'il se mourait lentement. En vain les médecins faisaient de leur mieux pour enrayer une paralysie progressive. Je compris qu'il était victime de la suggestion diabolique d'une prétendue prière de mort. Mon ami n'avait jamais raisonné pour se dire qu'il n'y a qu'une seule puissance et qu'il n'y a dans cette puissance ni division ni querelles. Une partie de Dieu ne peut en combattre une autre puisque sa nature fondamentale est unité et amour.

Je lui expliquai qu'il n'y a point de puissance du mal, point de diable — sinon sa peur ou son ignorance. Peu à peu il comprit qu'il était victime de l'autohypnose, qu'il avait accepté la suggestion de mort, l'avait faite sienne et que son esprit subconscient s'était mis à procéder à la mort de son corps. Cet homme avait eu une liaison avec une Hawaïenne qui chercha à se venger quand il épousa une femme de sa race et de sa religion.

J'allai le voir pendant plusieurs jours; je lui dis que j'avais vu son ancienne maîtresse et que j'avais arrangé cette affaire, que la malédiction était levée et que dans quelques jours il serait en parfait état, tout étant, bien entendu, pure invention de ma part. Je n'avais vu ni la femme ni le *Kahuna*. J'employai une vieille ruse, je lui donnai la contre-suggestion qui neutralisa celle dont il s'était imprégné.

La suggestion de santé et de guérison parfaite domina son esprit. Le subconscient accepte toujours la dominante de deux idées. Cet homme se remit entièrement, il vit en Irlande avec son épouse irlandaise. Il lui fut fait selon sa foi; il accepta ma suggestion et crut que la prétendue malédiction était retirée; son subconscient réagit en conséquence.

Pour devenir équilibré

Toutes vos craintes, vos angoisses, vos appréhensions ont pour cause votre croyance en des puissances extérieures ou en des agents maléfiques. Tout cela est basé sur l'ignorance. La seule puissance immatérielle que vous connaissiez est votre pensée; lorsque vous comprenez sa puissance créatrice et que les pensées sont des choses vivantes, vous êtes aussitôt délivré de tout sentiment d'esclavage envers le monde.

Le penseur scientifique ne donne point de puissance aux choses, aux conditions, aux gens ou aux circonstances. Il est tout équilibre et tranquillité grave parce qu'il sait que ses pensées et ses sentiments forment et modèlent sa destinée. Il n'a peur de rien ni de personne, car le seul ennemi qu'il puisse jamais avoir est sa propre pensée négative de crainte. Pensez au bien, le bien s'ensuivra; pensez au mal, le mal se produira. Inscrivez dans votre cœur de manière indélébile les vérités que contient ce paragraphe. Cessez de transférer la puissance qui est en vous aux choses extérieures et aux opinions insensées des autres.

Les idées fausses n'ont pas de puissance

La Bible dit : « Veux-tu être guéri ? » Est-ce que vous croyez vraiment que la puissance de Dieu peut vous guérir dès maintenant et définitivement ? Croyez-vous implicitement en l'infinie puissance curative qui est en vous, ou bien croyez-vous que la maladie est indépendante de votre esprit ? Croyez-vous que vous êtes incurable ? Croyez-vous qu'à votre sujet la volonté de Dieu soit la maladie, la douleur, les ennuis ? Dans l'affirmative, ces pensées d'impuissance, de maladie et de souffrance vous dérobent la santé, la vitalité et la paix de l'esprit. Les idées fausses n'ont d'autre puissance que celle que vous leur donnez.

« Ta foi t'a sauvé »

Ouvrez votre esprit et votre cœur à la puissance curative de Dieu et elle coulera en vous aussi sûrement que la lumière et la chaleur du soleil entrent dans votre demeure quand vous ouvrez votre fenêtre, tout comme l'air ambiant se précipite pour remplir le vide.
Avez-vous fait l'inventaire du stock que vous portez en votre esprit ? Votre esprit est-il encombré d'un tas de fausses croyances, de faux concepts, d'images sans valeur ? Pourquoi ne liquideriez-vous pas tous vos concepts faux et traditionnels de Dieu et de la vie afin d'acquérir la croyance en l'unique puissance créatrice qui est en vous, la croyance que la volonté de Dieu pour vous c'est la vie plus abondante, le bien qui dépasse vos plus beaux rêves ?

Pourquoi on ne peut vous « laver le cerveau »

Donnez votre attention, votre amour, votre dévouement, votre piété à l'Intelligence originale suprême, source de votre santé, de votre bonheur, de votre sécurité et de la paix de votre esprit, et les merveilles apparaîtront dans votre vie. Cessez d'être hypnotisé, de vous faire « laver le cerveau » par la peur, l'ignorance et les superstitions du monde.
Nul ne peut vous hypnotiser sans votre participation mentale [10]. Si vous refusez de vous concentrer sur ce qui vous permet de vous rassasier de Dieu et de sa puissance illimitée, vous êtes libre et votre cerveau ne peut être lavé.

[10] Nous soulignons. N.T.

Cette maladie dont vous parlez n'a point de puissance. Il n'y a pas de principe de maladie. C'est un prototype de pensée fausse qui s'est logé dans votre subconscient, il disparaîtra si vous fixez votre attention sur l'intégrité, la beauté et la perfection de Dieu. Votre penser harmonieux met alors en action une cause nouvelle qui va produire un nouvel effet, c'est-à-dire la santé.

Restez calme et serein. Tout comme un fanatique religieux, une personne nerveuse est extrêmement facile à suggestionner. La vérité est un paradoxe. Vous pourriez insister sur le fait que le voisinage d'un ventilateur électrique vous a donné le torticolis. Parce que vous le croiriez, ce serait une vérité relative, cependant le ventilateur est inoffensif, il n'a point de puissance. La puissance est dans votre esprit, dans votre pensée et dans votre croyance. S'il était vrai qu'un ventilateur électrique donne le torticolis, tous ceux qui s'en servent souffriraient du même inconvénient. C'est la croyance subjective de l'individu qui en est cause.

Votre religion, c'est la façon dont vous vivez

Votre religion, votre connaissance des lois de l'esprit comptent peu, à moins que vous ne vous serviez des vérités de Dieu pour les appliquer dans votre vie de tous les jours. Il faut que la parole (les idées, les vérités) devienne chair (incarnées sur l'écran de l'espace).

Par ce que vous dites, faites et exprimez, nous connaissons votre concept de Dieu. Vous êtes ici pour dramatiser et pour impersonnaliser Dieu dans votre travail, dans vos rapports avec autrui et dans toutes vos fonctions et tous vos actes.

Vous devenez ce que vous condamnez. Quand vous vilipendez les autres, que vous les critiquez et vous appesantissez sur leurs fautes, vous commencez à être et à faire ce que vous critiquez. Lorsque vous êtes en colère, hostile, amer, votre esprit est bien plus réceptif aux suggestions négatives de crainte et de haine.

La raison en est évidente. Vous vous ouvrez alors à une très basse vibration, vous ouvrez votre esprit à toutes sortes de vibrations méchantes et mauvaises de l'entendement collectif. Vous vibrez alors à très basse fréquence et vous vous accordez à tous les courants négatifs de l'humanité, car le semblable attire le semblable. Donnez toute puissance à Dieu, à Dieu seul, et dès à présent tournez vos yeux vers les montagnes d'où vous vient le secours, l'aide. « *Lorsque mes yeux restent sur Toi, il n'y a point de mal sur ma route.* »

Servez-vous de la puissance de Dieu

1. Vous pouvez vous lever et marcher par la puissance du Dieu tout-puissant qui vous a créé. Pardonnez-vous à vous-même ainsi qu'à tous ceux qui vous ont fait du mal; faites-le sincèrement.

2. Vous êtes le maître de vos pensées et de vos réponses à toutes les expériences. La puissance est en vous et non dans les autres.

3. Les suggestions des autres n'ont pas de pouvoir sur vous. Votre propre pensée est la puissance première et vous êtes à même de rejeter toutes les suggestions négatives.

4. Dieu, qui vous a donné le talent de chanter, vous ouvrira aussi les portes du succès. Il suffit que vous y croyiez.

5. Vous surmontez votre complexe d'infériorité en prenant conscience que vous êtes un enfant de Dieu, uni à la Puissance-Sagesse infinie.

6. Vos pensées sont les pensées de Dieu et la puissance de Dieu accompagne vos pensées constructives.

7. Il n'y a qu'une puissance de Dieu et dans cette puissance il n'y a ni divisions ni querelles. Une partie de Dieu ne peut s'opposer à une autre partie de Dieu. Prenez-en conscience; toutes vos craintes disparaîtront.

8. Toutes les craintes, anxiétés et appréhensions ont pour cause la croyance en des pouvoirs extérieurs. Il n'y a d'autre pouvoir que celui de Dieu. L'ignorance est le seul mal.

9. Pour vous, la volonté de Dieu est que vous ayez la vie plus abondante et que le bien transcende vos plus beaux rêves.

10. Rejetez la croyance en quoi que ce soit d'incurable, débarrassez-vous de l'hostilité et prenez conscience de ce que l'amour de Dieu peut vous guérir.

11. Quand vous pensez à Dieu, à sa puissance sans limites et à votre union avec sa sagesse unique, vous ne pouvez être hypnotisé, pas plus que votre cerveau ne peut être lavé. « Un avec Dieu est une majorité. »

12. « *Lorsque mes yeux restent sur Dieu il n'y a pas de mal sur ma route.* »

CHAPITRE IX

Vaincre les pierres d'achoppement

Il y a quelques années je faisais une série de conférences à Montréal quand une dame vint me consulter au Mount Royal Hotel où j'étais descendu. Ses premières paroles furent : « Je deviens folle ! Je ne peux dormir, je me déteste et je veux en finir. »

Cette pauvre femme était cultivée, bien élevée, bien habillée et très belle. Elle était riche et vivait dans un appartement somptueux. Mariée à un homme d'affaires important, elle avait trois enfants. En parlant avec elle, je découvris que la pierre d'achoppement de son bonheur était sa condamnation d'elle-même, aggravée d'un profond sentiment de culpabilité et accompagnée d'une crainte anormale d'être punie.

Call-girl dix ans avant son mariage, elle avait pratiqué la profession la plus ancienne du monde. Elle vivait dans la crainte que ceci ne se découvrît et dans la terreur que son mari n'apprît son passé. Son remords et son dégoût d'elle-même étaient si intenses qu'elle pensait n'avoir ni le droit de vivre ni le droit d'être aimée de son mari et de ses enfants. Elle me dit qu'elle aimait tendrement son mari et qu'il était l'homme le meilleur et le plus noble qu'elle eût jamais rencontré. De plus, elle se sentait indigne de sa belle demeure, de sa somptueuse voiture et de tout le luxe dont son mari l'entourait. Pendant un certain temps elle avait suivi un traitement psychiatrique et pris des sédatifs, « mais, me dit-elle, rien ne me vient en aide. Je suis pourrie à l'intérieur. »

Je lui demandai : « Etes-vous fidèle et loyale envers votre mari ? »

« Absolument », me déclara-t-elle, « je m'efforce d'être une mère parfaite et, depuis notre mariage, une épouse dévouée et loyale. J'adore mon mari. »

Alors je lui conseillai lentement :

« *La seule chose que vous ayez à guérir, c'est votre pensée actuelle.* Redressez immédiatement votre pensée; toute votre vie se transformera en harmonie et en joie. Tout ce dont vous puissiez faire l'expérience, c'est de la manifestation extérieure des pensées et croyances qui vous possèdent en ce moment. Le passé n'est que votre mémoire du passé. Les résultats des événements passés — qu'ils soient bons ou mauvais — ne sont toujours que l'expression de votre penser actuel. La seule douleur que vous puissiez ressentir est celle du moment présent. Ordonnez donc le moment présent. Réalisez en ce moment la paix, l'harmonie, la joie, l'amour et la bonne volonté; en demeurant mentalement sur ces états, en les proclamant et *en oubliant ainsi le passé,* vous aurez une vie nouvelle et splendide. *Vous êtes à présent une femme de bien;* voilà tout ce qui compte. Le passé est mort. Rien ne compte que ce moment. Vous êtes *à présent* une bonne épouse et une bonne mère; maintenant vous avez parfaitement droit à toutes les bénédictions de la vie.

Puis je lui contai l'histoire du petit garçon qui avait été très vilain. Sa mère le punit en lui imposant des corvées et des tâches dans la maison et l'empêcha de sortir pendant une semaine. Il accomplit joyeusement toutes ces obligations et à la fin de la semaine sa mère le complimenta en disant : « Tu es un très bon garçon, tu as fait un excellent travail. » Il répondit : « Maman, ne suis-je pas aussi bon garçon maintenant que si je n'avais jamais été méchant ? » « Sans doute », approuva sa mère, « que la vérité est donc merveilleuse ! »

Je dis à ma consultante : « Vous êtes à présent aussi bonne que si vous n'aviez jamais été mauvaise. »

Je n'ai jamais vu pareille transformation. Ses yeux et toute sa personne s'animèrent, elle me dit : « J'ai l'impression qu'une tonne de pierres a été enlevée de mon fardeau. Je sais que, maintenant, je suis bonne et que le passé est mort et inopérant. » Elle sortit rajeunie, inspirée, élevée et presque en extase.

Sa pierre d'achoppement avait été *le passé.* A présent elle est libérée parce qu'elle a compris les bénédictions que reçoit celui qui réalise que tout ce que nous avons à faire, c'est changer notre pensée : nous changeons ainsi toute notre vie.

Vous pouvez trouver la réponse

La solution est dans le problème, la réponse dans chaque question. Si vous vous trouvez en face d'une situation difficile et que vous n'y voyez pas clair, le mieux est de penser que l'Intelligence infinie, qui sait tout et qui voit tout, possède la réponse et vous la révèle maintenant. Basée sur la certitude que l'Intelligence infinie créatrice vous donne l'heureuse solution, votre nouvelle attitude mentale va vous permettre de trouver cette réponse. Lorsque vous demandez, l'Intelligence infinie répond. Soyez assuré qu'une telle attitude va vous donner l'ordre, le plan et la signification de toutes vos entreprises, vous permettant de surmonter et de vaincre toutes les pierres d'achoppement.

Elle cessa de se critiquer

Si vous le voulez, vous pouvez transformer toute votre vie. Pour avoir une bonne digestion et une santé parfaite, il faut que vous abandonniez le ressentiment et la mauvaise volonté afin que vous puissiez avancer dans la vie. Le penser négatif doit être supplanté par le penser constructif.

J'ai connu une jeune femme qui avait une très belle voix, mais elle se diminuait et se critiquait sans cesse : « Je n'ai aucune chance, je suis trop vieille. Je ne connais pas de gens importants. »

Pour obtenir ce qu'elle voulait, il fallait qu'elle cessât de se condamner ainsi. Elle se décida à choisir un nouveau concept d'elle-même. Dans un état d'intense joie qui l'absorba tout entière, elle s'imagina en train de chanter devant un auditoire. Elle ne tarda pas à réussir parce que, ayant abandonné son ancienne manière de penser, elle affirmait la vérité à son propre sujet.

Il faut que vous désiriez changer

A quel point souhaitez-vous vraiment devenir une personne nouvelle ? Souhaitez-vous réellement transformer les conditions de votre vie et toute votre personnalité ? Il faut alors que vous preniez une décision précise. Il faut que, de tout votre cœur, vous vouliez changer et que vous cessiez d'être une sorte de machine à propagande qui répète tous les vieux concepts stéréotypés, les idées, les croyances implantées dans votre esprit subconscient depuis votre naissance. Changez votre pensée, vous changerez votre destinée.

Le divorce ne fut pas nécessaire

Une dame m'écrivit qu'elle allait divorcer parce que son mari était tyrannique au point de terrifier ses enfants. Je vis ce mari et découvris qu'il était victime de craintes longtemps réprimées. Il avait encore du ressentiment envers son père, bien que celui-ci eût depuis longtemps quitté ce monde; il avait été anormalement dur et sévère envers son fils. Celui-ci comprit mon diagnostic : inconsciemment il essayait de se venger de son père en adoptant envers ses enfants une attitude despotique et tyrannique. Il fallut, pour sauver son foyer, que cet homme décidât de se transformer. Par la prière il libéra son père, lui souhaitant l'harmonie, la joie, la paix et toutes les bénédictions; il persista jusqu'à ce que toutes les racines de haine fussent flétries. A des moments prévus d'avance, matin, midi et soir, il médita les Psaumes 23, 27 et 91. Enfin il découvrit que la prière est une habitude, une bonne habitude. Ayant transformé sa pensée, il la maintint ainsi. Depuis, son foyer est paisible et heureux et ses enfants l'adorent.

L'amour victorieux

Un mari intenta un procès en divorce à sa femme; il se plaignait surtout de sa prodigalité. En m'entretenant avec l'épouse, je découvris qu'elle n'avait jamais reçu de son compagnon la moindre compréhension, ni d'appréciation, ni d'approbation. Cette insécurité la poussait à essayer d'acheter avec de l'argent le sentiment de sécurité dont elle avait toujours manqué. Ce couple décida que chacun serait pour l'autre un véritable associé; le mari mit sa femme au courant de ses affaires et lui montra que s'il venait à disparaître tout était prévu pour qu'elle ne manquât de rien. Ils se mirent à prier ensemble chaque soir pour l'harmonie, la santé, la paix, les directives de Dieu et l'action juste, et toutes leurs difficultés se dissipèrent à la lumière de l'amour.

Dans vos pensées, vos paroles et vos actes, laissez entrer l'amour de Dieu et tout votre univers se fondra à l'image et à la ressemblance de votre contemplation intérieure. Vous verrez parfois que les problèmes qui paraissent gigantesques peuvent se réduire à un point si infime qu'ils en semblent risibles.

Premier pas vers une vie victorieuse

Il y a des alcooliques qui ne veulent pas guérir; ils ne veulent pas abandonner leurs pierres d'achoppement mentales, telles que les rancunes, la condamnation de soi-même, les ressentiments, la mauvaise volonté. Quand un alcoolique admet qu'il l'est et lorsqu'il a un désir évident de libération et de paix de l'esprit, il est guéri à 51 pour cent. Tandis qu'il envisage sa libération, son avancement et son élargissement, la toute-puissance de Dieu va le soutenir; c'est alors que le besoin d'alcool et les tremblements sont automatiquement éliminés par la joie qui naît en lui.

Nous devrions tous nous efforcer d'éliminer les points de vue, les opinions périmées, les fausses croyances implantées dans notre esprit lorsque nous étions jeunes et impressionnables. En général l'homme pense et exprime les pensées d'hommes disparus ; mort, le passé semble régner sur des millions de gens. J'ai l'occasion de parler à des hommes qui, depuis cinquante ans, n'ont pas eu une idée, un point de vue nouveau.

Etes-vous victime de la propagande, ou bien pensez-vous par vous-même ? Une femme m'a dit qu'elle savait exactement comment son mari allait réagir par rapport aux manchettes de journaux, aux journalistes, à certains politiciens et que, presque mot à mot, elle prévoyait ses réactions vis-à-vis des sujets religieux. Il est comme les enfants de la Chine rouge qui sont conditionnés à penser, à parler et à agir selon un modèle prescrit ; ces enfants deviennent semblables à un phonographe qui reproduit ce qui est gravé sur le disque. La machine à enregistrer est l'esprit subconscient qui reproduit fidèlement tout ce qu'on y imprime.

Vous n'êtes pas né pour être un automate, vous devez penser par vous-même, réfléchir. Vous devez cesser de permettre aux autres de penser et de parler en vous et pour vous. Refusez de laisser les autres vous dépouiller et polluer votre esprit par des pensées de crainte, de haine, de méchanceté, de maladie et de malheur. Si votre oreille est complaisante, si vous écoutez les préjugés et les craintes des autres, vous risquez d'être contaminé.

La pierre d'achoppement du bonheur conjugal

Voici un exemple de la façon dont un « mort » parla et agit à travers un jeune père. Il était sur le point de divorcer parce que sa femme n'obligeait pas leurs enfants à s'agenouiller pour prier tous les soirs avant de se coucher. Fils d'une mère autoritaire qui était aussi une fanatique de sa religion et qui insistait pour qu'il s'agenouillât pour répéter chaque soir certaines prières, il en avait conçu comme enfant un vif ressentiment et avait réprimé dans son subconscient une rébellion contre la « punition » de sa mère.

Psychologiquement parlant, ce jeune père essayait de se venger de sa mère en imposant à ses trois filles le même rite religieux qu'il avait été contraint de suivre quand il était petit garçon. Lorsque leurs filles étaient couchées, sa femme leur enseignait quelques prières simples, insistant sur le fait que Dieu est un Dieu d'amour et qu'il veillait sur elles comme un bon père.

J'expliquai à ce jeune père la raison du ressentiment qui le dressait contre sa femme, lui indiquant qu'inconsciemment elle l'avait frustré de son désir de vengeance, ce qui provoquait ses sentiments hostiles à son égard. Cet homme comprit que la pierre d'achoppement de son bonheur conjugal était en lui-même; en conséquence il accepta volontiers mes explications et la guérison s'ensuivit.

Etes-vous soumis au passé ?

Il y a quelques années j'ai lu dans un journal anglais un article citant Lord Northcliffe, du *Times* de Londres. Il disait qu'un homme s'était rendu au *Times* tous les samedis après-midi et qu'il y avait occupé une chambre à coucher jusqu'au lundi matin. Lord Northcliffe avait questionné cet homme, lui demandant pourquoi il se trouvait là. Il avait répondu qu'il apportait vingt-cinq livres d'or dans le cas où le journal en aurait besoin pendant le week-end. Fait stupéfiant : quand Lord Northcliffe téléphona à la banque, il apprit que d'autres hommes, porteurs d'un sac d'or, avaient, depuis environ cent ans, occupé cette même chambre pendant les week-ends !
L'origine de tout ceci est un ordre donné par le propriétaire du *Times* pendant la bataille de Waterloo, qui eut lieu un dimanche de 1815. L'éditeur du journal voulait envoyer des enquêteurs sur le champ de bataille, mais il n'avait pas trouvé les fonds pour financer l'expédition. Le jour suivant il conclut un arrangement avec une banque de Londres qui s'engagea à envoyer régulièrement au *Times* mille livres or lorsque la banque fermerait le samedi à midi. Voilà un exemple de la pensée d'un mort gouvernant une grande institution bancaire pendant cent ans avec, pour résultat, une perte de temps, d'argent et d'effort.

Bannissez les ombres de votre esprit

Répétez-vous sans cesse les mêmes vieux prototypes de pensées qui entretiennent ces mêmes mouvements et ces mêmes réactions qui étaient vôtres il y a trente ou quarante ans ? Vous êtes-vous interrogé au sujet de vos préjugés, de vos craintes, de vos inclinations, de vos jalousies ? Pourquoi sont-ils dans votre esprit ? Pourquoi n'avez-vous pas consulté quelqu'un au sujet de vos craintes anormales ? Si vous le faisiez, vous découvririez qu'elles sont dans votre esprit en amas d'ombres sinistres et qu'il n'y a nulle puissance dans une ombre.
Est-ce que ce dont vous avez peur ne serait pas uniquement une pensée dans votre esprit ? Il n'y a pas de peur là où demeure la foi en Dieu. Vous feriez bien d'examiner toutes vos croyances afin de trouver leur source et

leur origine. Prenez dès à présent une décision formelle; ne croyez rien de ce que vous ne comprenez pas. Etudiez votre esprit subconscient et la puissance de votre propre pensée, vous découvrirez que le principe curatif est en vous-même.

Vous ne montez pas une mule pour aller à San Francisco comme le faisaient nos grands-pères, pas plus que vous n'envoyez de message par diligence. Pourquoi permettriez-vous à des superstitions, à de vieux préjugés de gouverner votre esprit ? Bien des personnes s'imaginent que, par la répétition d'une affirmation, leur condition peut changer sans qu'elles aient à transformer leur mentalité; ces personnes sont vouées à la déception.

Pourquoi il ne gardait pas d'employés

Un homme d'affaires se plaignit à moi de ne pouvoir garder ses employés. Je découvris que son effroyable caractère en était la cause. Il comprit que la pierre d'achoppement était en lui-même et il décida de transformer sa pensée et de la maintenir ainsi. Il pria afin que l'Intelligence infinie lui attirât des employés qui apprécieraient et aimeraient leur travail et qui s'estimeraient convenablement rémunérés; de plus, il pria pour la paix, l'harmonie, la prospérité et le bonheur de ses employés. Il projeta l'amour et la bonne volonté sur tous ses clients, sa femme et ses enfants. Il en fit une habitude, car la prière est une habitude. Cet homme n'a plus de difficultés ni avec ses employés ni avec ses relations d'affaires.

Pourquoi ses affaires n'étaient jamais prospères

Un homme m'écrivit que, depuis deux ans, il priait en vain pour obtenir la prospérité. Il avait un aperçu de la vérité spirituelle, mais son attitude de ressentiment profond envers un concurrent très prospère s'exprimait automatiquement en difficultés pécuniaires, maladie et frustration.

Je lui demandai à quel point il voulait vraiment ce qu'il souhaitait. Le désirait-il assez pour abandonner son attitude hostile ? Il n'y a point de transaction sans échange. Cet homme comprit qu'il était envieux et que l'opulence de son concurrent lui inspirait du ressentiment. Je lui posai franchement la question : « A la prospérité et à la paix de l'esprit préférez-vous le ressentiment et la jalousie ? » Ayant compris, il pria pour la plus grande prospérité et le plus grand succès de son concurrent. La prière enrichit toujours ! La pierre d'achoppement de notre santé, de notre bonheur, de notre prospérité se trouve toujours dans notre esprit; la cconnaissance spirituelle améliorera de toutes les façons les circonstances de notre vie. En revanche, le manque de vraies connaissances spirituelles s'exprimera par toutes sortes de difficultés.

Quand la réponse est retardée

S'il semble y avoir un délai insolite entre votre prière et sa réponse, il se peut que la difficulté soit profondément implantée dans votre subconscient et qu'ainsi elle exige davantage de travail spirituel, ou bien peut-être ne priez-vous pas convenablement. Dans ce cas demandez à l'Intelligence infinie de vous révéler ce que vous souhaitez savoir; elle le fera.

Quand un homme dit qu'il faut qu'il ait une démonstration avant le lundi ou le mardi de la semaine suivante, car il perdrait son procès ou son affaire si la réponse tardait, il faut qu'il se rappelle que Dieu ne faillit jamais et qu'il est indépendant du temps et de l'espace.

Le temps est sans importance, car la prière obtient des résultats en dépit de ce que peut un certain jour prononcer un tribunal. Vous faites confiance à Dieu pour qu'il mette tout en ordre, que ce soit lundi ou mardi. Vous persévérez, sachant que la prière est toujours victorieuse, quoi qu'il arrive.

Comment aimer la loi de la vie

« *Grande paix ont ceux qui aiment ta loi et rien ne leur nuira.* »

Tandis que vous aimez la loi selon laquelle votre pensée est créatrice, selon laquelle l'Esprit coule à travers les prototypes de votre pensée et de votre imagination créatrices, vous vous éloignez de toute introspection morbide et de tous concepts négatifs. Tenté par la dépression, vous serez stimulé en pensant aux buts véritables et aux idéaux qui donnent énergie à vos désirs, à vos ambitions, à vos aspirations plutôt qu'aux conditions et aux circonstances.

Aimez votre idéal jusqu'à vous absorber en lui. Laissez mourir les vieilles pensées sans valeur. Aimez les nouveaux prototypes de vie qui inspirent et élèvent. Il se peut que le monde extérieur s'oppose au monde intérieur de vos rêves et de vos idéaux; souvenez-vous que l'extérieur est effet et non cause. Ayez soin de faire en sorte que l'énergie, la vitalité et la puissance de votre croyance s'accordent à l'idéal que vous poursuivez; vous êtes alors sur le chemin de la maturité spirituelle. Toute adversité porte la semence de la prospérité.

Faites face à vos problèmes

Emerson dit : « Lorsque l'homme s'assied sur le coussin de ses avantages, il s'endort. Quand il est poussé, tourmenté, vaincu et persécuté, il a l'occasion d'apprendre quelque chose, car il est alors obligé de se servir de ses facultés, de sa virilité. Il a appris, étant renseigné par son ignorance, et il est guéri de la folie de l'orgueil. »

Faites face à vos problèmes; décidez de les résoudre dans le calme et la foi en Dieu. La porte s'ouvrira et le chemin vous sera montré.

Comment briser la prétendue malchance

Je voudrais parler d'une expérience qui semble être commune à beaucoup de personnes. Elles travaillent à un projet désirable, ou bien accomplissent une tâche que leur employeur leur a assignée, et elles s'aperçoivent qu'elles ne peuvent mener à bien leur entreprise. A la dernière minute il se passe quelque chose qui les contrarie; le client qui devait signer le contrat est subitement décédé, ou bien il a changé d'avis. Une comédienne me dit dernièrement que tout allait toujours bien jusqu'au moment de signer un contrat; le directeur eut une crise cardiaque une demi-heure avant la signature; le contrat fut suspendu. D'autres notent que pour eux la vente est arrêtée au moment de la signature.

Le délai est dans notre propre esprit. Ce que nous craignons, nous l'attirons. Ce à quoi nous nous attendons, nous en faisons l'expérience. Brisez donc ainsi la prétendue malchance, affirmez hardiment : « Moi et mon Père, nous sommes un. Dieu pense, parle et agit à travers moi. Il n'y a qu'une puissance, et cette puissance se meut en tant qu'harmonie et unité. Nulle personne, nul lieu, nulle chose ne peuvent empêcher le travail de Dieu et mon travail est le travail de Dieu, car Dieu travaille à travers moi. En Lui, j'ai la vie, le mouvement et l'être. En moi Dieu vit, se meut et s'exprime pleinement. Le travail de Dieu ne souffre pas de délai. Dieu réussit toujours et termine toujours ses entreprises. Ce qui est vrai à l'endroit de Dieu est vrai à mon endroit. Je mène toutes mes entreprises jusqu'à l'accomplissement divin et à leur épanouissement dans l'ordre divin à travers le divin amour. » Il faut que vous vouliez ce que vous voulez avec assez de zèle et d'enthousiasme pour prendre la peine de penser clairement, lucidement et spirituellement, car la pensée est la seule cause. Accordez-vous à Dieu, vous surmonterez triomphalement tous les problèmes, car « Il ne faillit jamais ».

« Je t'ai porté sur les ailes de l'aigle et je t'ai attiré à moi. »

Des idées dont il est bon de se souvenir

1. Le seul moment qui compte est le *moment présent.* Changez votre pensée actuelle et maintenez-la changée, vous transformerez votre destinée.

2. Le passé est mort. Il n'a point de pouvoir sur vous. La seule puissance est votre pensée actuelle. Pensez à tout ce qui est beau et de bon aloi.

3. Si vous êtes bon *maintenant,* vous êtes aussi bon que si vous n'aviez jamais été mauvais.

4. Pour avoir une bonne digestion et une santé parfaite, il faut abandonner le ressentiment et le mauvais vouloir.

5. Pour devenir une personne nouvelle, il faut désirer changer vos pensées et, de tout votre cœur, les maintenir changées.

6. Arrachez les racines de la haine en souhaitant sincèrement à autrui l'harmonie, la paix, la joie et toutes les bénédictions de la vie.

7. Devenez un véritable associé de votre femme en la mettant parfaitement au courant de vos affaires. Montrez-lui qu'elle sera tout à fait à l'abri s'il vous arrive quelque chose.

8. Quand un alcoolique admet qu'il l'est et qu'il est animé d'un désir intense de guérir, il est guéri à 51 pour cent.

9. Pensez par vous-même. Cessez de permettre aux autres de penser et de parler pour vous. Ne soyez pas un phonographe qui reproduit tout ce qui est gravé sur le disque.

10. Un homme ne doit pas se venger de sa mère en imposant à ses enfants la religion qu'elle le contraignit d'embrasser.

11. Est-ce que les pensées mortes de votre passé, les traditions, les credos et les dogmes vous font perdre du temps, de l'argent et gaspiller votre énergie et votre effort ?

12. Vos craintes sont dans votre esprit un amas d'ombres sinistres; il n'y a point de puissance dans une ombre.

13. Ne croyez rien que vous ne puissiez comprendre. Apprenez à connaître le fonctionnement de votre esprit conscient et subconscient, vous découvrirez que la puissance curative est en vous.

14. Un patron doit prier pour la paix, l'harmonie, la prospérité et le bonheur de tous ses employés. Il doit également s'assurer qu'ils sont convenablement rémunérés.

15. La pierre d'achoppement de notre santé, de notre bonheur, de notre épanouissement est toujours dans notre propre esprit.

16. Faites confiance à Dieu pour tout mettre en ordre, en dépit de ce qui s'est passé lundi ou mardi dernier. La prière triomphe toujours, quoi qu'il se soit passé.

17. Eprenez-vous de prototypes nouveaux et exaltants de la vie. Aimez votre idéal jusqu'à vous identifier à lui.

18. Faites face à vos problèmes. Votre foi en Dieu et en sa puissance vous permettront de surmonter tous les problèmes.

19. Ce que nous craignons, nous l'attirons; ce que nous attendons, nous en faisons l'expérience. Prenez conscience de ceci : ce qui est vrai au sujet de Dieu est vrai à votre sujet; tandis que vous prierez, vous verrez des merveilles s'accomplir.

La France a fait connaissance avec l'Algérie en 1820 lorsqu'elle est venue détruire les bateaux pirates d'Alger qui accostaient Régulièrement sur les côtes pauvres de l'europe du sud pour venir y enlever des filles et des enfants afin de les vendre comme esclaves sur les marchés du moyen-orient et de l'Arabie

CHAPITRE X

Etre, faire et avoir

Vous réjouissez-vous d'être en vie ? Avez-vous jamais considéré toutes les merveilles qui sont en vous ? Votre vie est la vie de Dieu; cette vie, vous la vivez en ce moment. Tous les pouvoirs de Dieu sont en vous. Sous la forme de vos désirs la vie infinie cherche à s'exprimer à travers vous.

Vous désirez vivre et vous exprimer, et vous souhaitez être heureux, libre et prospère. Vous voulez être ce que vous aspirez à être, vous voulez faire ce que vous aimez faire et vous désirez l'affection, l'amitié, un beau foyer et tout ce qui vous permettra de vivre richement, abondamment et avec splendeur. Le désir est à la base de tout progrès.

Le principe de vie qui nous anime tous désire s'exprimer et faire l'expérience de soi. L'arbre désire croître, la fleur s'épanouir, l'oiseau chanter. En ce moment, vous désirez peut-être la santé, le bonheur, votre vraie place, l'abondance et la sécurité. Tout ce que vous faites est une réponse à vos désirs. Le désir vous pousse, il vous aiguillonne vers l'action. Le désir est l'impulsion du principe de vie.

Le fermier sème ses graines parce qu'il désire de la nourriture pour lui et pour sa famille. Parce qu'il a le désir de raccourcir le temps et l'espace et d'explorer l'univers, l'homme construit des avions et des astronefs.

Votre désir vous rappelle quelque chose qui, si vous l'acceptez, fera votre vie plus pleine et plus heureuse. Plus grand est le bénéfice escompté par le désir, plus le désir est fort. Là où on ne s'attend pas au bénéfice, au gain, à l'avancement, il n'y a point de désir, donc pas d'action.

Si, pendant longtemps, nous ne réalisons pas nos désirs d'être, de faire et de posséder, nous nous sentons frustrés et malheureux. Vous êtes ici pour choisir le bonheur, la paix, la prospérité et toutes les bénédictions du Ciel. Votre désir vous permet de dire : « Ceci est bon, par conséquent je le choisis; ceci est négatif, donc je le rejette. » Tout choix implique la perception de quelque chose de préférable à ce qu'on rejette.

Pourquoi la suppression du désir est désastreuse

L'annihilation et la suppression du désir sont désastreuses. Pour l'homme qui y réussirait, le bien et le mal seraient semblables, car rien n'aurait le pouvoir d'éveiller en lui un désir; il serait mort à tout sentiment et à toute raison d'agir. Désirer signifie donner la préférence à une chose sur une autre; lorsque le désir est détruit, cette capacité de choisir ne peut exister. En Inde, j'ai vu des dévôts qui, mettant en pratique leur résolution d'exterminer en eux-mêmes tout désir, les bons comme les mauvais, étaient devenus de lamentables formes humaines, les épaves de ce qui avait été autrefois des hommes vivants. L'extinction du désir entraîne l'apathie, le manque de sentiment et le manque d'action. Le désir est la cause de tout sentiment, de toute action et c'est aussi le principe actif de l'univers. Le désir est une force créatrice qui doit être canalisée et dirigée sagement. Le désir et son accomplissement se font dans votre esprit.

Le désir n'est pas mauvais

Au sens véritable, il n'y a pas de mauvais désirs. Il se peut que vous dirigiez mal ou que vous interprétiez mal le désir qui surgit en vous. Par exemple, si vous êtes pauvre, vous désirez l'abondance; si vous êtes malade, vous désirez la santé; si vous êtes en prison, vous désirez la liberté. Peut-être souhaitez-vous de l'affection, un compagnon, une compagne, ou bien votre vraie place dans la vie. L'homme qui désire l'abondance peut, par son ignorance, tenter de réaliser son désir en tuant un banquier et en volant dans un magasin : c'est une fausse direction de son désir et il se retrouve finalement en prison, convaincu de meurtre. Enseignez à un homme qu'il y a en lui une Intelligence infinie qui peut exaucer ses désirs, il surmontera son sentiment d'opposition et frustration. Le désir que l'homme ressent pour la nourriture est légitime et normal, mais quelqu'un qui tue pour se procurer du pain a recours à la violence, à l'opposition, qui engendrent le sentiment de culpabilité et la destruction de soi.

Il fit une liste de trois choses

Il y a en l'homme une puissance qui l'élèvera pour le placer sur le haut chemin du bonheur, de la santé, de la paix de l'esprit et de la réalisation de ses rêves les plus beaux, sans pour autant priver personne des bénédictions illimitées de Dieu.

Un homme sans le sou, sans travail et dans un état de grande frustration vint me voir il y a quelque temps après une de mes conférences, qui traitait de « la puissance de votre subconscient »[11]. Il rentra chez lui et s'efforça d'appliquer ce qu'il avait entendu. C'était la première fois qu'il entendait parler du pouvoir de l'esprit, mais il admit : « C'est plein de bon sens », et il fit une liste des trois choses qu'il désirait (il se peut que vous les trouviez bien matérielles, mais il en avait besoin). Ces trois choses étaient : une situation qui fût sa vraie place, une automobile et tout l'argent dont il avait besoin.

Il choisit ces trois choses pour voir si ses pensées étaient réellement des choses, il voulait se prouver à lui-même que l'idée d'une chose est la chose elle-même. En effet, au cours de ma conférence, j'avais dit que l'idée est la réalité derrière la forme. Cet homme établit une méthode de travail bien définie et la pratiqua consciencieusement tous les jours, s'y efforçant assez longtemps pour lui donner une chance raisonnable. Il avait compris qu'on n'apprend pas à nager après un ou deux essais.

Pour trouver sa vraie place, il pria ainsi : « Je sais que l'Intelligence infinie me répond. Elle me révèle à présent ma vraie place. Je prends conscience de mes talents, de mes capacités et je reçois un merveilleux traitement. Je sais que l'idée de ma vraie place et de sa manifestation ne font qu'un dans l'entendement divin. Je suis la direction qui m'est donnée. »

Dans les deux semaines qui suivirent le début de son expérience il signa un contrat avec une firme de San Francisco. Il rendit grâce et se réjouit d'avoir appris la loi de Dieu. Puis il s'attaqua à son objectif suivant : une nouvelle voiture. Il me dit : « J'ai l'idée d'une voiture, je vais lui rester fidèle, elle doit se manifester. » Il gagna sa voiture dans un concours. Il *connaissait* dès lors le secret du subconscient. Il savait que s'il s'identifiait mentalement et émotionnellement à une idée, le subconscient la manifesterait. Il en fut rempli de reconnaissance.

Dans sa prière, il demanda ensuite plus d'abondance. Chaque matin et chaque soir il rendit grâce à Dieu de ce que l'abondance circulait dans sa vie et il déclarait que son idée d'abondance était réalisée. Quelque temps après il s'éprit d'une riche veuve de San Francisco qui finança sa nouvelle entreprise.

Cet homme avait établi une méthode de travail bien définie, déclarant que chacun de ses désirs était accompli. Pendant ses moments de méditation, matin et soir, il exprimait chaque désir séparément. Si vous priez comme cet homme et que nulle amélioration n'apparaisse au cours de deux

11 Paru en français chez le même éditeur.

semaines, changez de méthode [12], adoptez-en une autre. Souvenez-vous qu'une réponse existe à ce que vous voulez; c'est aussi certain que le lever du soleil.

Sortez de la prison de la pénurie

Cultivez la simplicité et la spontanéité, sachant que tout ce que vous demandez en priant avec foi, vous l'obtiendrez. Décidez à présent que ce que vous voulez faire, vous pouvez le faire. Aucune personne éclairée ne croit plus aujourd'hui qu'un destin cruel nous condamne à la maladie, à la misère et à la souffrance. Rien — si ce n'est notre propre pensée et nos fausses croyances — ne nous maintient dans la médiocrité, dans la maladie ni dans aucun état misérable.

Sortez de la prison de la peur, du besoin et de la solitude. Cessez de penser que Dieu vous impose la maladie pour une raison étrange, ou que vous deviez endurer la maladie et vous y résigner. Dire que Dieu vous punit, c'est blasphémer; c'est également un blasphème d'accuser Dieu de votre maladie. Votre esprit et votre corps ne font qu'un. Il est reconnu, en médecine psycho-somatique, qu'il est impossible de déterminer où l'esprit commence et où le corps finit. La recherche scientifique d'aujourd'hui révèle que les causes cachées, sous-jacentes, des maladies physiques se trouvent dans les profonds méandres de l'esprit, dans les rages réprimées, les désirs frustrés, les jalousies, les anxiétés. Il est stupide de s'en prendre à Dieu pour les ennuis que nous nous créons nous-mêmes par notre mauvaise manière de penser ou parce que nous ne pensons pas du tout.

Elle voulait seulement être « spirituelle »

Une jeune fille me dit un jour que tout ce qu'elle voulait, c'était être « spirituelle ». C'est le désir majeur de chacun, mais la terminologie n'est pas la même pour tous. Quand vous êtes véritablement spirituel, vous vous exprimez pleinement, ici même et maintenant. Vous comprenez qu'une automobile est une idée spirituelle devant votre porte. Un sandwich au jambon, quand vous avez faim, est une réponse à votre prière et cela aussi est spirituel. Si vous chantez bien, sur scène, vous êtes aussi spirituel que l'homme qui chante le Psaume 23 dans le chœur d'une église. L'homme qui

[12] Afin de parvenir à impressionner votre subconscient. N.T.

répare le toit de votre maison accomplit une tâche spirituelle au même titre qu'un pasteur, un prêtre ou un rabbin lorsqu'il lit un texte biblique ou qu'il prononce un sermon. Comprenez que l'esprit et le corps ne font qu'un. Cessez de considérer les choses matérielles d'un air supérieur; cessez une fois pour toutes de séparer l'esprit de Dieu du sang et de la chair du monde. Tout acte physique, si inférieur que vous puissiez le juger, est le fait de l'esprit vivant en vous, animant une forme matérielle. Vous n'êtes point du tout abaissé quand vous lavez un plancher malpropre ou lorsque vous nettoyez une étable. Si vous condamnez quoi que ce soit en ce monde, c'est vous-même que vous abaissez et dépréciez.

Son « associé silencieux » le guérit

Un homme de Los Angeles avait depuis cinq ou six ans un ulcère à la jambe. Cet ulcère se cicatrisait, puis reprenait de plus belle. L'homme disait que son mal était héréditaire : son père en avait souffert; il s'y était, disait-il, résigné. Il apprit que c'était exactement ce qu'il ne fallait pas faire et comprit que l'Intelligence créatrice, qui avait créé son corps, ne se désintéresse jamais de ce qu'elle a créé. Il apprit aussi que la puissance curative est en lui et que c'est elle qui dirige les processus de la digestion, de l'assimilation et de la circulation. Cet homme cessa de craindre et de s'attendre à un retour de son mal. Pendant cinq à dix minutes, matin et soir, il affirmait avec une grande conviction : « J'ai un « associé silencieux », une présence curative qui sait comment guérir; cette présence curative produit à présent dans mon corps la beauté de l'intégrité. Je crois que mon associé silencieux sature tout mon être de son amour, de sa beauté, de sa perfection. » Cet état de conscience lui donna une santé radieuse. Dieu désire que vous lui donniez votre travail le meilleur. Affirmez hardiment : « L'Intelligence infinie qui m'a créé connaît le processus de la guérison; elle me guérit dès maintenant selon l'ordre divin. J'accepte et je me réjouis de ce que mon associé silencieux me réponde à présent. »

Cette attitude est saine et elle produit ses effets. Nous suivons le désir qui captive et retient notre attention. Nous allons tous dans la direction de l'idée qui domine notre esprit. Un brûlant désir d'être et de faire nous propulse sur le chemin du succès et de l'accomplissement.

John Bunyan avait le désir intense de révéler la vérité de la religion, son esprit profond répondit : bien qu'en prison et durement puni, il écrivit ce chef-d'œuvre, *Pilgrim's Progress.*

Exaltez et ornez votre désir

Le chêne dort dans le gland, l'oiseau attend dans l'œuf et Dieu attend en vous pour s'exprimer et pour être reproduit sur l'écran de l'espace. Edison était un télégraphiste itinérant et bien qu'il fût sourd et qu'il eût été renvoyé de l'école, il était animé d'un intense désir d'éclairer le monde. En lui, l'Intelligence vivante répondit littéralement à sa foi et à sa croyance. Ornez votre désir; exaltez-le dans votre esprit, embellissez-le, magnifiez-le, laissez-le vous captiver au point que vous aspiriez à son accomplissement. Eprenez-vous de votre désir. Dans votre esprit l'image mentale, soutenue par votre foi, sera manifestée par votre esprit subconscient.

Pourquoi attendre trois ans pour vendre sa maison ?

A New York, depuis plus de trois ans, une dame essayait de vendre sa maison, mais sans y parvenir.
Un dimanche matin, tandis que, sous les auspices du Dr Raymond Charles Barker, je faisais une conférence au Town Hall, cette dame s'assoupit. Dans cet état de paisible détente, elle fixa son attention sur la vente de sa maison. Son immobilité accroissait son pouvoir de concentration. Elle imagina qu'elle tenait dans la main le chèque de la vente parfaite, elle se réjouit de l'avoir en sa possession. Elle contempla son but, son désir réalisé et rendit grâces, sentant que « tout était accompli » ! Dans cette attitude mentale l'effort était réduit au minimum. Ce même jour l'agent immobilier vendit sa maison; cela se fit à peu près au moment où elle rendait grâce de cette vente. Elle me dit : « Je sais que j'ai libéré cette affaire ce matin-là parce que je ressentis un grand soulagement. »

Les idées vous maîtrisent

Il y a des milliers d'années les mystiques hébreux dirent : « L'homme est ce qu'il s'imagine être. » Votre idée est une image qui sort spontanément de vos profondeurs sublimales ou bien du monde extérieur. Votre faculté d'imagination habille toutes les idées et les projette sur l'écran de l'espace. Voici pourquoi les pensées sont des choses. L'une est l'intérieur et l'autre l'extérieur de la même réalité. Le Dr. Phineas Parkhurst Quimby du Maine dit, il y a cent ans : « L'homme se meut comme il est mû, il agit selon ce qui agit sur lui. » Aujourd'hui ceci est une vérité psychologique reconnue.

Vos idées vous gouvernent et vous maîtrisent. Vos idées tendent à s'exécuter. La faculté première de l'homme est son imagination. Servez-vous-en avec sagesse, judicieusement et constructivement. Imaginez ce qui est beau et digne de louange [13]. « *Faisons l'homme à notre image* » (Genèse I : 26). Dieu s'imagine être le soleil, la lune, les étoiles, le monde ou l'homme, puis il se sent être ce qu'il s'est imaginé être. L'idée et le sentiment s'unissent (l'idée étant l'élément mâle, le sentiment l'élément féminin) et le cosmos apparaît. Dieu s'est imaginé être homme et, par le sentiment qu'il en eût, le devint.

Donnez à votre image vie et confiance, elle se mettra à vivre dans votre vie. Voilà comment vous devenez ce que vous voulez devenir. Tout ce à quoi vous dites JE SUIS, vous le devenez. Je SUIS est le nom de Dieu, ce qui signifie pur Etre, la conscience d'être, la vie. Si vous dites : « Je suis malade », vous le serez. Si vous dites : « Je suis pauvre », vous le deviendrez. Pourquoi vous unir au sentiment de pauvreté ? Commencez à affirmer : « Je suis fort, intègre, parfait, puissant, radieux, éclairé et inspiré. » Sentez la vérité de ce que vous affirmez, les merveilles abonderont dans votre vie. Ne permettez pas à votre sentiment de s'unir à une image de limitation, car alors vous engendrerez les conséquences de cette alliance impure.

Faites confiance à la loi de la croissance

Récapitulons les points saillants des importantes vérités que nous avons énoncées dans ce chapitre. Vous ne mettez pas de vitalité dans la graine que vous placez en terre, mais il faut que vous l'y déposiez. Vous arrosez régulièrement cette graine, accélérant ainsi sa croissance. Considérons notre esprit : la graine, ici, c'est notre désir d'être, de faire ou d'obtenir; il faut, sans vous servir de la force ni de la coercition, le déposer dans le sol réceptif de votre esprit; il faut vous efforcer de le faire se manifester. Votre affaire, c'est d'écarter les pensées de doute et de crainte qui tendraient à neutraliser votre prière affirmative. Ayez le sentiment du bonheur et de la satisfaction en imaginant l'accomplissement de votre désir.

Votre désir, votre idée est la substance des choses qu'on espère, l'évidence des choses que l'on ne voit point [14]. Votre désir a autant de réalité que votre main ou que votre cœur et il a sa forme propre, sa substance dans une autre dimension de l'esprit. « *Croyez que vous l'avez reçu et vous le*

[13] **Allusion à la 4e Epître aux Philippiens. N.T.**

[14] **Allusion à l'Epître aux Hébreux II : I. N.T.**

recevrez. » Considérez votre création mentale, votre idée, comme une réalité spirituelle, puis faites implicitement confiance à la loi de croissance pour qu'elle la mène à manifestation. Marchez dans la lumière jusqu'à ce que le jour se lève et que les ombres fuient.

Points essentiels

1. Le désir est la cause de tout sentiment et de toute action. Le désir est le principe actif de l'univers.

2. Apprenez qu'il y a en vous une Intelligence infinie qui peut accomplir votre désir et vous surmonterez tout sentiment d'opposition et de frustration.

3. Il y a en vous une puissance qui vous élèvera et qui vous mettra sur le chemin du bonheur, de la santé, de la réalisation de vos plus beaux rêves.

4. Rien ne nous maintient dans la médiocrité, dans la maladie ni dans aucune condition misérable, rien sauf nos pensées et nos fausses croyances.

5. Vous n'êtes ni abaissé ni déprécié quand vous lavez un sol malpropre ou lorsque vous nettoyez une étable. La propreté est voisine de la sainteté et tout travail est honorable.

6. Le bien et le mal sont dans votre pensée et, par votre propre pensée et votre sentiment, vous colorez toute chose de l'univers.

7. Un brûlant désir d'être et de faire quelque chose vous mettra sur le chemin du succès et de l'accomplissement.

8. Soutenue par la foi, l'image mentale que vous entretenez sera manifestée par votre subconscient.

9. Si vous voulez vendre votre maison, imaginez que vous tenez le chèque de la transaction, rendez grâce pour ce chèque. Sentez-en la réalité, votre esprit subconscient vous en donnera la manifestation.

10. Vous êtes ce que vous imaginez et ce que vous sentez être.

11. Considérez votre idée en réalité spirituelle, puis faites implicitement confiance à la loi de la croissance. Avancez dans la certitude de ce qu'il en est ainsi, vous aurez la joie de la prière exaucée.

CHAPITRE XI

Un plan pour l'harmonie et pour la paix de l'esprit

Jésus dit : « *Je vous laisse ma paix, je vous donne ma paix. Que votre cœur ne se trouble pas et qu'il ne craigne point.* »

Le désir le plus profond de tout homme, c'est avoir la paix de l'esprit. Mais lorsqu'il ne peut réaliser ses désirs de santé, d'abondance, d'expression de soi véritable, d'accomplissement, de réussite, il se sent frustré et souffre d'un conflit intérieur. La paix lui vient quand il prend conscience d'une Toute-Puissance qui peut mener à la manifestation de ses désirs d'être, de faire et d'obtenir.

Le secret de la paix constante de l'esprit, c'est s'identifier à cette présence de puissance infinie qui est en nous; elle est ineffable paix. Quand vous vous unissez mentalement et émotionnellement à l'amour, à l'harmonie, à la puissance de Dieu, lorsque vous sentez couler à travers vous ces qualités, vous canalisez pour les détruire tous les foyers d'infection que constituent le pensées négatives, de mauvais vouloir, de haine, de vindicte, de ressentiment qui vous ont maintenu dans un conflit, dans une tension, un « stress » intérieur.

J'ai lu récemment un article de journal qui rapportait les paroles d'un psychiatre distingué. Celui-ci disait que près de dix millions de personnes sont dans des hôpitaux psychiatriques pour des désordres émotionnels aigus. Elles sont pleines de crainte, de jalousie, de ressentiment et il s'ensuit un sentiment de frustration. Tous ces poisons mentaux sont engendrés par les pensées négatives, par le manque de penser constructif et harmonieux. Pour être dans l'harmonie et la tranquillité, il faut qu'en milieu tendu vous gardiez la maîtrise de vos émotions.

Il y a quelques jours, le Dr E. Mc Coy, de Beverley Hills, en Californie, me parla de l'expérience du Dr Hans Selye, de la University of Montreal's

Institute of Experimental Medecine and Surgery, expérience qui démontra que, dans les moments de « stress » et de tension, les glandes surrénales et la glande pituitaire déchargent dans le courant sanguin de puissantes hormones afin de maintenir le bien-être du corps. Par exemple, si vous avez la fièvre, un rhume ou si vous vous blessez accidentellement, le mécanisme de défense ou processus guérisseur des glandes surrénales et pituitaire est mobilisé pour faire face à l'urgence. Toutefois, si vous entretenez des images mentales de maladie, de tragédie, de perte ou d'accident, votre esprit subconscient ne fait pas la différence entre les « stress » causés par le souci et les états subconscients causés par des blessures physiques ou par des maladies.

Le Dr Selye a montré clairement que, si une personne persiste à se faire du souci, à s'inquiéter, à s'insurger, à se complaire en imaginations négatives, l'excès d'hormones ainsi engendré va détruire le corps, et l'individu peut alors se trouver aux prises avec le diabète, l'arthrite ou avec quelques-unes des maladies psychosomatiques.

Sa grand-mère guérit ses crises d'asthme

Au cours d'une conversation récente, un petit garçon de dix ans me dit qu'il souffrait de crises d'asthme et qu'il se sentait très tendu. Après divers examens, son médecin avait prescrit des antispasmodiques, mais les crises d'asthme n'en persistaient pas moins.

L'enfant m'assura que lorsqu'il allait voir sa grand-mère, aucune crise ne se produisait. Il avait passé l'été précédent chez elle sans aucun symptôme asthmatique. Le père de ce petit garçon était autoritaire, tyrannique et très agressif, dur avec son fils, le grondant constamment et critiquant sans cesse son travail scolaire. Sa mère, très occupée par sa vie mondaine, les déjeuners, les cocktails, les thés, donnait peu de tendresse et d'attention à l'enfant. Habituellement, au cours du dîner, ces parents se querellaient avec violence et le petit garçon avait peur de perdre l'un d'eux. Son asthme était un symptôme de crainte et d'étouffement en lui de la force vitale.

Les parents consentirent à prier ensemble, alternant chaque soir les Psaumes 25, 27, 91, 46, 1er et 2. Une nouvelle atmosphère de paix, un rythme de vie plus lent, un sentiment d'amour, d'harmonie et de bonne volonté s'établirent dans ce foyer. L'asthme du petit garçon disparut. Il s'était produit une contraction des muscles bronchiques parce que cet enfant vivait dans une atmosphère très tendue et très négative. Quand il y a au foyer colère, ressentiment et hostilité, les enfants souffrent. En fait, ils grandissent à l'image et à la ressemblance de l'atmosphère dominante de la maison.

Pour ressentir la paix de l'esprit

Une des plus profondes aspirations du cœur humain est la paix de l'esprit. Il faut, pour en faire l'expérience, s'accorder à la paix de Dieu et laisser couler en soi cette paix divine. Cessez de gaspiller votre énergie en vous inquiétant, en vous troublant, en vous laissant perturber par les petites choses, amenuisant ainsi vos réserves de puissance émotionnelle, physique et spirituelle. Il y a dans le huitième chapitre de l'Evangile selon Matthieu un merveilleux plan pour l'harmonie et la paix de l'esprit; vous feriez bien de le méditer de temps en temps : « *Tout à coup, une grande tourmente s'éleva sur la mer, au point que la barque était couverte par les vagues. Cependant Jésus dormait. Les disciples s'approchèrent de lui et le réveillèrent en disant : « Seigneur, sauve-nous, nous périssons. » Jésus leur dit : « Pourquoi avez-vous peur, gens de peu de foi ? » Alors, il se leva, tança les vents et la mer; et il se fit un grand calme* » (Matthieu 8 : 24-26). Les vents sont en nous-mêmes. Ils sont nos craintes, nos anxiétés, nos appréhensions, et les vagues sont celles du désespoir, de la mélancolie, de la haine ou de la terreur. La mer tourmentée est en vous, et vous pouvez tranquilliser les zones de votre esprit en affirmant calmement : « La présence de Dieu coule à travers mon esprit conscient en tant qu'équilibre et paix, à travers mes émotions, en tant qu'amour et confiance en Dieu et à travers mon corps en tant que force. »

La Bible, dans sa grande simplicité, dit : « *Et il se fit un grand calme* ». Penser à Dieu, ouvrir votre cœur à la présence curative qui est en vous, vous accordera à l'harmonie de Dieu et libérera les forces spirituelles qui vous donnent la paix, laquelle surpasse tout entendement.

Vider les foyers d'infection

Il ne peut y avoir de paix intérieure avant que les chagrins, les haines, les rancunes, la vindicte générale ne soient rayés du cœur et de l'esprit. Ces sortes de pensées forment, dans l'esprit subconscient, des foyers d'infection qui ont pour conséquence la tension artérielle, les troubles cardiaques et une foule d'autres symptômes et maladies. Quand votre esprit conscient est saturé de culpabilité, vous pensez que vous devriez être puni et, inconsciemment, vous commencez à souffrir.

Videz donc tous les foyers d'infection de la haine, du mauvais vouloir, de la condamnation de vous-même et remplissez votre âme de l'amour de Dieu. Etendez-vous et détendez-vous pendant dix à quinze minutes chaque jour et affirmez : « L'amour de Dieu emplit mon esprit et mon cœur et je projette l'amour et la bonne volonté sur tous ceux qui m'entourent et sur les hommes de partout. » Si j'ai une rancune ou un sentiment de mauvais vouloir envers quelqu'un, je le bénis particulièrement jusqu'à être à même de penser à lui (ou à elle) sans le moindre déplaisir. Un esprit propre et un cœur pur sont essentiels à l'harmonie, à l'équilibre et à la paix de l'esprit. De plus, vous aurez le sentiment magnifique de la santé parfaite et d'une énergie vitale.

Les médicaments ne peuvent vous donner la paix de l'esprit

Afin d'obtenir un moment de paix et de détente, bien des gens absorbent des tranquillisants. Mais ces médicaments, même s'ils peuvent temporairement vous venir en aide et vous donner une sensation de bien-être, n'ont qu'un effet passager et ne procurent pas le changement d'attitude mentale qui est essentiel. Les pilules qui stimulent, pas plus que celles qui tranquillisent, ne constituent le remède à l'anxiété, à l'hypertension, aux soucis.
La réalisation de la présence et de la puissance de Dieu en vous, la capacité de votre esprit de s'accorder à cette puissance divine vous permettront d'attirer dans votre vie les directives dont vous avez besoin, l'harmonie, l'ordre divin et l'abondance.
Souvenez-vous que la puissance créatrice est en vous-même et non dans les circonstances, les conditions, les événements, les déclarations et les actions des autres. Les autres ou les conditions extérieures peuvent vous suggérer certaines choses, mais vous n'en êtes pas moins le seul penseur de votre univers et il vous est loisible de refuser ou d'accepter toutes les suggestions négatives, de quelque nature qu'elles soient.
Par la façon dont vous réagissez mentalement et émotionnellement envers les conditions, les événements et les gens, vous créez votre hypertension ou vos anxiétés. C'est du centre divin en vous-même que vous devez penser, parler, agir, répondre. Avant de vous livrer à une débauche mentale, à une explosion, dites : « Dieu en moi pense, parle, agit et répond en toutes choses. » Ceci tranquillisera votre esprit et vous maintiendra dans les vibrations les plus hautes de l'esprit. Nous devrions tous savoir que nous sommes ici pour faire face aux défis qui nous sont lancés, aux difficultés, aux problèmes, aux tensions. Il est mauvais de se droguer afin de devenir insen-

sible au « stress » et aux anxiétés. Nous sommes ici pour surmonter les défis et les épreuves; autrement nous ne découvrirons pas la divinité qui est en nous.

La joie de surmonter

C'est une joie de surmonter et de résoudre les mots croisés de la vie. Ces mots croisés résolus, si vous n'aviez plus qu'à remplir les cases, vous trouveriez cet exercice insipide et ennuyeux. N'affaiblissez pas, ne réprimez pas votre développement spirituel et mental en vous droguant; vous perdriez toute initiative et tout élan pour entrer dans la joie de vivre. Vous ne voulez pas être un pantin. Dans la vie, chaque échec est un jalon vers le triomphe. Vous êtes né pour vaincre. Vous êtes un conquérant. Parce que Dieu demeure en vous, vous êtes victorieux en toutes circonstances. Par conséquent tout problème est divinement surmonté.

Si vous êtes homme ou femme d'affaires ou bien maîtresse de maison et si vous êtes soucieux au sujet de problèmes financiers, de relations humaines difficiles, irritantes, ou si vous pensez que votre fardeau est trop lourd ou que vos responsabilités sont trop grandes, prenez conscience de ce qu'il est en vous une sagesse qui vous permettra de surmonter toutes ces difficultés et qui vous révélera la solution parfaite. Cessez d'être victime des suggestions extérieures. Vous pouvez penser à Dieu et à sa puissance et, dès ce moment, sa sagesse et sa puissance vont répondre à votre appel. Il faut que vous soyez dirigé par votre centre divin et non par les manifestations extérieures.

Vous êtes responsable

Les causes sont au-dedans de vous, dans votre pensée et dans votre sentiment. Vous êtes le capitaine de votre navire et vous êtes capable de le mener au port de votre choix. Si, mentalement, vous combattez les conditions, les circonstances, les problèmes de l'entourage, en réalité vous faites d'un effet une cause et vous aggravez vos ennuis et vos problèmes. Par la façon dont vous réagissez et sentez, vous créez votre anxiété, votre névrose, votre hypertension et vos maux de tête.

La cause n'est point votre travail ni votre patron ou votre voisin, la cause est en vous-même, elle est engendrée par vos propres pensées. Souvenez-vous que vous, vous seul, êtes responsable de la façon dont vous pensez au sujet des autres, au sujet des conditions. Vous êtes le seul penseur de votre univers. Qu'en pensez-vous ?

La haine est un poison mortel

Je reçus, il y a quelque temps, la lettre d'un homme qui me dit qu'il avait introduit son neveu dans ses affaires, en avait fait son associé et avait eu entièrement confiance en son intégrité et son honnêteté. En trois ans, cependant, celui-ci avait détourné plus de 30 000 dollars. Le comptable ayant découvert ce vol, le neveu en avait convenu.

Mon correspondant ajoutait : « Je hais mon neveu. Je suis très malade. J'avais confiance en lui. Pourquoi cela m'est-il arrivé ? »

La haine est un poison mortel qui débilite l'organisme tout entier et qui a pour résultat la détérioration mentale et physique. J'expliquai à cet homme comment pardonner en se pardonnant d'abord à lui-même, c'est-à-dire en accordant ses pensées à l'amour divin et à la divine harmonie, puis en suivant l'injonction de la Bible : « *Ta foi t'a guéri.* »

Sa foi était mal placée

La foi, c'est la conscience d'une puissance invisible, une présence qui est la seule Intelligence créatrice de l'univers. Cet homme comprit qu'il devait mettre sa foi en Dieu, dans sa bonté, dans sa direction et dans sa loi et son ordre divin. Il l'avait mise dans les credos, les dogmes, les concepts traditionnels, les gens, dans certaines institutions et dans leurs formules de salut. Sa foi avait été mal placée. Il comprit qu'en ce principe éternel de vie en soi, la foi ne lui ferait jamais défaut, ce principe étant le même hier, aujourd'hui et toujours.

Un vieil hymne dit : « Je vois tout autour de moi le changement et la décadence. Oh ! Toi qui ne changes point, demeure avec moi. » Tout en ce monde change et passe. Les religions viennent et s'en vont, les gouvernements s'élèvent et tombent, les institutions, les dogmes, les credos, les empires, tout passe, mais les principes et les vérités de Dieu sont sans âge. Il faut qu'en Dieu vous amarriez votre esprit et votre cœur. Il vous soutiendra toujours. Votre vraie foi ne doit pas être dans les obligations, les actions ou l'argent, dans les propriétés, les parents et les associés, mais en Dieu. Il est l'Eternel unique, la source constante d'où viennent toutes les bénédictions.

Dieu est constant, tout le reste est inconstant. Remarquez comment, suivant les cours, la foi en la Bourse grandit et tombe. De même, lorsqu'un homme change d'attitude et que vous apercevez dans son comportement certaines altérations, vous avez sujet de perdre votre foi en lui. Vous avez entendu ces expressions : « Je n'ai plus confiance en lui », « Je ne peux plus lui faire confiance » ou « Je n'ai plus confiance en personne ».

L'explication amena la guérison

Mettez votre foi en Dieu et dans tout ce qui est bon, par une loi immuable vous vous attirerez ainsi les gens, les conditions, les circonstances et les événements qui seront à l'image et à la ressemblance de votre contemplation. Votre foi doit aller à un Dieu d'amour, à l'Intelligence infinie, sagesse illimitée, l'Eternel, l'Omniscient et le Tout-Puissant. Dieu devient pour vous ce que vous concevez qu'il est. Par conséquent si vous affirmez hardiment : « L'amour de Dieu m'entoure, la paix de Dieu remplit mon âme, sa bonté emplit mon cœur, la lumière de Dieu me montre le chemin que je dois prendre et me dirige, et Dieu m'enrichit de toutes les façons », les merveilles apparaîtront dans votre vie. Votre univers se fondra magiquement pour prendre l'image et la ressemblance de votre joyeuse contemplation. Votre pensée est créatrice et vous êtes ce qu'au long du jour vous pensez. Savoir cela, le bien comprendre vous délivrera d'innombrables craintes, de soucis et d'émois de toutes sortes.

Cette explication amena un changement profond dans l'esprit de l'homme qui haïssait son neveu. Il comprit qu'il n'y avait point de raison de haïr, de se venger ou d'exercer toute autre action négative. Il se guérit merveilleusement : l'explication avait été sa guérison.

L'amour est l'accomplissement de la santé, du bonheur et de la paix. L'amour, c'est être loyal et dévoué envers la seule puissance, la cause suprême et n'en reconnaître aucune autre. Votre pensée fait couler cette puissance selon sa nature. En cette puissance spirituelle il n'y a ni querelle ni division. L'esprit ne se rebelle pas contre l'esprit. L'esprit est intégrité, beauté et perfection et il se meut dans l'unité. Accordez-vous à lui et laissez son divin amour couler à travers vous dans son rythme divin, dans son harmonie et dans sa paix.

Joignez-vous à Dieu

Souvenez-vous que vous allez là où est votre vision. Si vous imaginez que vous allez échouer, quand même vous travaillez quatorze heures par jour, vous ne réussirez point. Si vos prémisses sont fausses, votre conclusion sera également fausse. Etablissez donc de bonnes prémisses, vous souvenant que l'esprit fonctionne à la manière d'un syllogisme, allant logiquement des prémisses à la conclusion. Savoir ces vérités établira en vous l'équilibre et la paix de l'esprit.

Joignez-vous à Dieu. Pensez grand, sentez grand et sachez dans votre cœur que vous communiez avec Dieu, le Père tout-puissant. Cette union réalisée, vous vous sentirez fort, confiant, serein et triomphant. Vous vous serez relié à l'Etre unique, au principe de vie qui anime toutes choses. Quand vous vous sentirez faible, incapable, nerveux ou instable, unissez-vous à votre Père intérieur et dites : « Il restaure mon âme. »[15]

Penser et agir ainsi, c'est communier véritablement avec Dieu. C'est aussi la plus haute prière. Vous êtes un être spirituel, gouverné par un Dieu parfait et qui agit selon sa parfaite loi divine. Prenez-en conscience et vous ne vous sentirez jamais plus incapable ou inférieur, pas plus que vous ne critiquerez ni ne condamnerez autrui. Vous saurez que chaque personne tend à projeter vers les autres ce qu'elle sent en elle-même.

En vous joignant à Dieu, vous ne projetterez plus vos incapacités, vos défauts, vos anomalies ou vos infériorités. Sentant, heure par heure, votre union avec Dieu, vous projetterez une lumière, une confiance, une joie et une vibration curative qui seront autant de bénédictions pour tous ceux qui vous approcheront. Vous dépendez totalement de Dieu et de son infaillible loi. « *Il ne faillit jamais.* » Vous devez placer votre foi en la vérité de l'Etre suprême. Il faut qu'elle soit fondée sur la pénétration, la sagesse et la compréhension. Si une prière inexaucée vous rend soucieux ou anxieux, remettez-la à votre moi divin en disant : « J'accepte ceci, mon Père, ceci ou quelque chose de meilleur, de plus grand et de plus beau. Merci, Père. » Cette attitude videra votre esprit de toute crainte, appréhension ou tension. Tel est votre plan pour l'harmonie et la paix de l'esprit.

Une prière pour l'harmonie et la paix de l'esprit

« *Tu le garderas dans la paix parfaite celui dont l'esprit est centré en Toi, parce qu'il te fait confiance.* » Je sais que les désirs profonds de mon cœur viennent de Dieu, qui est en moi. Dieu veut que je sois heureux. La volonté de Dieu pour moi est la vie, l'amour, la vérité et la beauté. Mentalement j'accepte maintenant mon bien et je deviens la voie parfaite du Divin.

J'entre en chantant dans sa présence, j'entre dans sa maison par la louange, je suis joyeux et heureux, je suis tranquille et équilibré.

La douce voix tranquille de Dieu murmure à mon oreille, me révélant la réponse parfaite dont j'ai besoin. Je suis une expression de Dieu. Je suis toujours à ma vraie place, faisant ce que j'aime faire. Je refuse d'accepter les opinions des hommes en tant que vérités. Je me tourne vers mon centre, je perçois et je sens le rythme du Divin, j'entends la mélodie de Dieu qui me murmure un message d'amour.

[15] Psaume 23. N.T.

Mon esprit est l'esprit de Dieu et je reflète toujours la sagesse et l'intelligence divines. Mon cerveau symbolise ma capacité de penser sagement et spirituellement. En séquence parfaite, les idées de Dieu se déroulent dans mon esprit. Je suis toujours équilibré, serein et calme, car je sais que Dieu me révélera toujours la solution parfaite de tous mes besoins.

Points essentiels

1. La paix vous viendra quand vous comprendrez que Dieu vous donna le désir de la santé, du bonheur, de l'abondance et de la sécurité et peut par conséquent vous donner, dans l'ordre divin, la réalisation de tous vos rêves.

2. Maintenez à votre foyer une atmosphère paisible, harmonieuse. Souvenez-vous que les enfants grandissent à l'image et à la ressemblance de l'atmosphère qui y domine.

3. Vous êtes à même de vous accorder au Dieu de paix qui est en vous et de connaître la paix qui surpasse tout entendement.

4. Les pensées de l'amour sans bornes de Dieu et de son harmonie absolue et un élan de votre cœur envers cette présence curative vous mettent en harmonie avec Dieu et ses lois.

5. Vous ne pouvez trouver la paix intérieure tant que vous n'aurez pas vidé votre esprit de tous les foyers d'infection que constituent la haine, le mauvais vouloir et la condamnation de soi. Vous vous libérez en remplissant votre âme de l'amour de Dieu.

6. Les tranquillisants ne vous donneront ni l'équilibre ni la paix de l'esprit, ils n'ont qu'un effet transitoire. La cause de vos soucis se trouve dans votre pensée et dans vos sentiments. Occupez votre esprit de pensées de paix, d'harmonie, d'amour et de bonne volonté envers tous. Transformée, votre attitude mentale vous donnera la paix et l'harmonie.

7. La grande joie, c'est surmonter et faire face aux défis que la vie vous lance. La joie profonde, vivante, c'est résoudre les mots croisés de la vie et non se droguer de sorte que l'on perde toute initiative et tout élan.

8. Souvenez-vous que vous êtes seul responsable de la façon dont vous pensez. Vous êtes le seul *penseur* de votre univers. Comment *pensez*-vous ?

9. La haine est un poison mortel qui débilite l'organisme tout entier. Accordez vos pensées à l'amour divin, à l'harmonie divine, vous trouverez la paix intérieure.

10. Votre foi doit être placée dans la direction que Dieu vous donne, dans son amour, dans son harmonie, dans sa loi et dans son ordre divin. La vraie foi doit être implantée dans les rouages de votre esprit conscient et inconscient, dans les vérités de Dieu qui ne change jamais. Que votre foi soit en Dieu et en toutes choses bonnes : les merveilles apparaîtront dans votre vie.

11. Votre pensée est créatrice et vous êtes ce que vous pensez toute la journée. Le savoir vous délivrera de craintes, de soucis, d'appréhensions et d'inquiétudes innombrables.

12. L'amour est l'accomplissement de la loi de la santé, du bonheur et de la paix. L'amour, c'est être loyal et dévoué envers la puissance unique, la cause suprême et n'en point reconnaître d'autre. Quand vous aimerez Dieu, vous aimerez tous les hommes.

13. Souvenez-vous que vous allez là où est votre vision. Pensez grand, sentez grand et sachez dans votre cœur que vous êtes uni à Dieu ; vous projetterez alors une lumière, une confiance, une joie et une vibration curatives qui seront autant de bénédictions pour tous ceux qui vous approcheront à l'instant et à jamais.

CHAPITRE XII

Comment triompher des sentiments de culpabilité

L'estime de soi est nécessaire à tout homme. Il faut qu'il approuve le « soi » et qu'il rende honneur aux qualités, aux attributs et aux potentiels de Dieu. Dieu habite tous les hommes et le « soi » de chaque homme est la présence et la puissance de Dieu. Chaque être humain a besoin de sentir qu'il est aimé et désiré, qu'il est à la hauteur de toutes les tâches, qu'il est nécessaire au plan de la vie, qu'il remplit son rôle dans l'univers. L'homme est ici-bas pour s'exprimer pleinement et pour éprouver la valeur et la sécurité de son union avec Dieu. Puisque l'homme vit sans cesse avec lui-même, il faut qu'il apprenne à s'aimer. Et, à moins qu'il n'exalte la divinité en lui-même, il se sentira inférieur, incapable, sans sécurité et peut-être se considérera-t-il comme un pécheur. Or celui qui se voit ainsi ne peut être heureux : psychologiquement et spirituellement, il a dans le cœur un profond besoin d'estime de soi. Au cours des âges bien des cérémonies, des rites et des méthodes ont été inventés dans le but avéré de délivrer les masses de ce sentiment de péché et de culpabilité.

Le sentiment de culpabilité

Le sentiment de culpabilité est une maladie mentale très répandue. En psychosomatique et en médecine psychiatrique on sait parfaitement qu'associé à la frustration, un profond sentiment de culpabilité est à la base de la plupart des désordres mentaux; en conséquence, il se retrouve aussi bien dans les maladies et les conflits de personnalité que dans les problèmes familiaux. Bien qu'il semble être presque universellement répandu, le sentiment de culpabilité est anormal et contre nature. Par exemple un enfant ne naît pas avec un sentiment de culpabilité; il lui est inculqué par l'entourage, habituellement par les parents, les maîtres, les gouvernantes, ainsi que par les croyances ancestrales.

Il n'a pas le sens du péché

Nous savons tous qu'un bébé n'a pas le sens du péché. Le premier sentiment de culpabilité qu'éprouve le petit enfant lui vient quand il se rend compte que sa mère est mécontente de lui. Pour lui, sa mère est en quelque sorte un dieu tutélaire : sa nourriture, son bien-être, sa sécurité dépendent d'elle.

Séparé de l'amour

Lorsque nous naissons à ce monde, nous avons très peu la notion des vraies valeurs. Enfant, nous ignorons tout des religions, des credos, des dogmes, des coutumes, des lois, des règles inventées par les hommes. Au début de sa vie, l'enfant est semblable à un petit animal, il est sans inhibitions et il fait ce qui lui semble être naturel. Mais voilà que Maman le gronde... Peut-être le punit-elle ou le frappe-t-elle... Elle lui dit qu'il est vilain et que Dieu va le punir. L'enfant, perplexe, ne comprend pas. Instinctivement il se sent séparé de l'amour, de la sécurité, de la bonté et du don de soi. Il se sent puni pour quelque chose qu'il ne comprend pas, ce qui le trouble et lui fait conclure qu'il doit être dans l'erreur. Il a sa première perception de la culpabilité, celle du péché. Inquiet, il s'efforce de se protéger. A la colère maternelle et aux réprimandes il réagit instinctivement de différentes façons. Ou il devient craintif ou, sous l'effet de ce conflit intérieur, il se défend par des accès de colère.

Lorsque, s'opposant à ceux de ses parents, ses désirs demeurent insatisfaits (et quand, plus tard, ils sont contraires aux lois et aux coutumes de la religion et s'opposent à la législation civile), son sentiment de culpabilité, sa conscience du péché s'accroissent. Par instinct il veut faire ce qui lui semble naturel; mais l'autorité lui oppose un « non » catégorique. Il en résulte donc un conflit avec elle.

Il se saisit de la bague

L'autre jour je me trouvais dans une famille dont le petit cadet admira la bague que je portais au doigt et s'en saisit. Sa mère lui fit des remontrances et lui dit sévèrement qu'il ne pouvait prendre ma bague; l'enfant se mit à pleurer. Plus tard il devra apprendre que, par la loi et l'ordre divin, il peut, sans violer le droit des autres, obtenir de la vie ce qu'il veut. Croissant en sagesse et en compréhension, il acquiescera de bonne grâce aux restrictions des lois et des coutumes et il se frayera avec succès son chemin dans la vie. L'impulsion cosmique nous pousse tous à nous exprimer et quand nous nous exprimons de manière à être satisfaits de nos travaux et de nos créations, nous sommes heureux. Quand nous nous trompons, quand nous échouons, nous nous sentons malheureux et déprimés, nous pensons alors que nous sommes exclus de l'amour et de l'estime des autres. Le but de ce livre est de montrer à l'homme comment il peut satisfaire les désirs véritables de son cœur sans pour autant léser les autres. Tout homme vient au monde pour mener une vie abondante : « *Je suis venu afin qu'ils aient la vie et qu'ils l'aient plus abondante* » (Jean 10 : 10).

Nous sommes dans un univers mental et spirituel et ce que l'homme veut, il peut le revendiquer, se l'approprier en l'acceptant mentalement. L'homme doit ouvrir son esprit et son cœur à la connaissance de ce que Dieu, qui lui a donné le désir, lui révélera aussi le moyen parfait de le réaliser. Il faut que l'homme croie cela en son cœur, qu'il accepte dans son esprit la réalité de son idée et qu'il en rende grâce. En dépit des apparences, des conditions, des circonstances, il faut qu'il sache que l'esprit vivant tout-puissant va lui répondre, lui donnant la réalisation de la santé et du bonheur, la paix et l'accomplissement de ses rêves selon la loi et dans l'ordre divin. Dans son union avec le Dieu d'amour qui est son Père céleste, l'homme bannira tout sentiment de culpabilité et de honte.

La culpabilité des temps anciens

Dans l'antiquité, les hommes sacrifiaient leurs bœufs, leurs agneaux, leurs chèvres et leurs colombes pour apaiser ceux que, superstitieusement, ils croyaient être des dieux de colère. Lorsque des orages se produisaient, que les moissons étaient détruites ou qu'une grande sécheresse survenait, les gens croyaient que les dieux étaient courroucés. Il fallait que leurs prêtres leur donnassent une réponse et, si celle-ci n'était pas plausible, ils les tuaient; aussi les prêtres donnaient-ils la réponse qui satisfaisait alors les imaginations superstitieuses.

L'homme primitif et préhistorique

A l'aube de notre histoire, l'homme pensait qu'il était soumis à des forces sur lesquelles il semblait n'avoir point de contrôle. Le soleil qui lui donnait de la chaleur brûlait aussi la terre. Le feu le brûlait, le tonnerre le terrifiait.

l'eau inondait ses terres et noyait son cheptel. Son idée de puissance extérieure était fondée sur cette croyance primitive en Dieu. Il conçut donc envers les éléments, les forces de la nature, un amour ou une aversion, une crainte ou un espoir qui engendrèrent son idée première de la religion. L'homme primitif, avec son raisonnement infantile, s'aperçut que lorsqu'un autre homme, plus fort que lui, le menaçait il pouvait, en le soudoyant, en lui offrant certains dons ou en s'abaissant devant lui, transformer favorablement son attitude. Partant de ce raisonnement simpliste, il se mit à supplier les intelligences des vents, des étoiles et des eaux, espérant se les concilier pour qu'elles répondent à ses prières. Il fit des offrandes et des sacrifices aux dieux des vents et de la pluie.

Puissances bonnes et mauvaises

Les premiers hommes pensèrent que l'univers était habité de dieux innombrables. Au sujet de la divinité, leurs idées gravitaient autour du plaisir et de la douleur et dérivaient uniquement des forces de la nature. Ils divisaient les dieux et les génies en puissances bénéfiques et maléfiques, d'où, dans toutes les religions, l'universalité de ces deux idées.
Après ce bref rappel de l'origine et de la cause de la culpabilité, nous en étudierons des exemples spécifiques.

Il voulait noyer sa mère

Il y a quelques mois, une mère vint me consulter avec son fils, âgé de huit ans. Toutes les nuits l'enfant mouillait son lit. Je lui demandai pourquoi. « Je veux noyer ma mère », répondit-il. En fait il noyait sa mère dans le ressentiment. Son enseignement religieux lui avait appris qu'il est mauvais de haïr quelqu'un, d'avoir contre lui du ressentiment et il avait un profond complexe de culpabilité. Il se plaignit de sa mère et raconta que, quand elle était en colère, elle lui criait : « Petit misérable ! Tu es un pécheur, un méchant garçon. Dieu va te punir, tu vas souffrir pour ceci. » Puis le petit garçon ajouta : « Elle ne reproche jamais rien à mon frère... »
J'obtins de cette mère qu'elle changeât d'attitude et qu'elle cessât de critiquer son fils. Je lui dis qu'elle l'aimait, le chérissait et qu'il était à ses yeux absolument l'égal de son frère. Elle apprit cette simple vérité : les enfants grandissent à l'image et à la ressemblance de l'atmosphère dominante qui règne à leur foyer.

Elle pria souvent ainsi : « John est le fils de Dieu. Il est aimant, bon et entreprenant. Il croît en sagesse, en compréhension et en harmonie et je projette vers lui l'amour, la paix, la joie et la bonne volonté. Je le vois radieux, joyeux et heureux. L'amour de Dieu emplit son esprit et son corps. Il dort en paix chaque soir et s'éveille dans la joie. Dieu l'aime et a soin de lui. Il est guéri, il est intègre, il est parfait. »
Une guérison complète se fit dans la semaine : les prières de la mère ayant été subconsciemment ressenties par son fils, il répondit en conséquence.

Il combattait l'autorité

Un garçon de seize ans vint un jour me voir. Il avait des ennuis avec la police, ses maîtres, ses voisins et éprouvait du ressentiment envers ses parents. Son père, cruel et tyrannique, battait parfois sa mère. Ce garçon réagissait en devenant à son tour hostile, belliqueux et méchant. Réprimée vis-à-vis de son père, sa rage était dans son âme comme une plaie purulente. Je lui expliquai qu'il s'opposait à l'autorité parce qu'il combattait psychologiquement l'image de son père. Je réussis à voir ensemble le père et le fils. Ils exprimèrent leur hostilité et leur colère réciproques et ils comprirent qu'ils avaient tort tous les deux. Le père, la mère et le fils se réunirent chaque soir pour prier sincèrement pour la paix, l'harmonie, la joie et la compréhension de chacun d'eux. Tandis qu'ils continuaient à projeter l'amour, la paix et la bonne volonté les uns vers les autres, toute l'atmosphère de leur vie familiale se transforma. A présent ce jeune garçon travaille magnifiquement bien à l'école. La prière transforme tout.

Nous sommes tous soumis à l'autorité

Le Président des Etats-Unis lui-même est soumis à l'autorité. Le Congrès a pouvoir sur lui. Nous avons tous à vivre sous une autorité et à nous y soumettre, car l'autorité est partout. Nous devons établir un contrôle sur nos pensées, nos sentiments et nos réactions. Il faut que nous prenions la direction de notre esprit. Il faut que nous disions à tout ce qui se présente : « Je suis le maître, je vais ordonner mes pensées et leur dire à quoi donner leur attention »; nous serons alors comme un patron qui ordonne à ses employés d'exécuter ses instructions.

L'homme doit prendre soin de son propre esprit et ne pas permettre aux autres de le gouverner à sa place. Les credos, les dogmes, les traditions, les superstitions, la crainte et l'ignorance règnent en général sur l'esprit de l'homme. La plupart du temps l'homme ne possède pas du tout son propre esprit; celui-ci ne lui appartient pas, il est le plus souvent gouverné par de grossières superstitions.

La signification de la conscience

Il faut comprendre que le sentiment de culpabilité provient de ce qu'on nomme la conscience. Un grand nombre de personnes pensent que la voix de la conscience est la voix de Dieu, ce qui n'est pas vrai. La conscience est un sentiment intérieur et aussi la voix de quelqu'un d'autre; souvent, c'est la voix de l'ignorance, de la crainte, de la superstition, du mensonge et d'étranges concepts au sujet de Dieu. J'ai connu un garçon qui avait peur d'être puni par Dieu parce qu'il n'allait pas à l'église le dimanche. C'était la voix de la superstition et de la fausse croyance implantées dans son subconscient par ses parents et par ses maîtres. Elle donnait à ce garçon un sentiment de culpabilité, et il estimait qu'il devait être puni.

Dans votre jeunesse on vous inculqua des tabous, des restrictions et toute une gamme de « Tu ne feras point »; peut-être vous a-t-on dit aussi que vous étiez mauvais, pécheur, que Dieu vous punirait. Peut-être aussi vous a-t-on parlé du feu de l'enfer qui vous attendait si vous ne vous comportiez pas bien, dans l'observance d'un credo particulier. L'esprit des enfants est ainsi contaminé et pollué par toutes sortes d'idées étranges et de fausses doctrines.

Je dois être puni

Un jeune garçon me dit une fois : « Si je montais à bicyclette sans éclairage, je m'attendrais à être puni et à tomber; ma mère m'a prévenu : « Tu vas tomber, tu vas te faire du mal. Tu es méchant et tu seras puni. »

Quelles choses désastreuses à dire à un enfant ! Il vaudrait mieux lui recommander simplement de ne pas monter à bicyclette la nuit sans éclairage. Les parents devraient bien expliquer à l'enfant que les instructions qu'ils lui donnent ont pour but son bien-être et sa sécurité. Plutôt que de l'effrayer par d'horribles suggestions hypnotiques de danger, il est préférable de dire à un enfant que l'amour de Dieu aura toujours soin de lui.

Il a bonne conscience

On ne devrait jamais dire aux enfants qu'ils ont été conçus dans le péché et qu'ils sont nés dans l'iniquité. On doit leur enseigner qu'ils sont enfants de Dieu, que Dieu est leur vrai Père et que Dieu est amour. On devrait leur enseigner que son amour ne change pas. Bien sûr, c'est cela, *la bonne conscience,* celle dans laquelle l'enfant apprend la règle d'or [16] : aimer les autres. Il saura alors que l'honnêteté est la meilleure politique. Si, par exemple, un enfant est tenté de voler, quelque chose en lui lui dira : « Non, tu ne dois pas faire cela. »

Le père et la mère sont là pour enseigner à l'enfant ce qui est bien et ce qui est mal. Il faut qu'il aille à l'école, qu'il soit convenablement éduqué; qu'il apprenne ce qui est bien, vrai, noble et ce qui le rapproche de sa divinité. Aujourd'hui, à combien d'enfants enseigne-t-on ces qualités ?

Né dans le péché

Enseigner aux enfants qu'ils sont nés dans le péché originel, celui d'Adam et d'Eve, n'est qu'un verbiage sans portée dans l'interprétation moderne de la vie. Le « péché originel » signifie l'oubli par l'homme de son origine divine, c'est le fait de prendre les commandements et les superstitions des hommes pour les vérités de Dieu. Tout enfant qui vient au monde naît dans l'entendement racial et dans tout ce que son entourage représente — voilà une des significations du péché originel.

Lorsque vous apprenez les lois de votre esprit et votre propre divinité, vous n'êtes plus sujet aux tabous, aux restrictions, aux fausses croyances et aux endoctrinements corrompus que nous reçûmes dans notre jeunesse. Si vous voulez nettoyer l'esprit de vos enfants, mettez en pratique la présence de Dieu à votre foyer, entretenez des pensées divines, votre foyer sera imprégné d'une atmosphère merveilleuse. Vous verrez l'enfant grandir à l'image et à la ressemblance de l'ambiance qui domine au foyer; c'est cela, la vraie signification du baptême. Si vous avez devant vous un verre d'eau sale, vous pouvez vitupérer et maudire cette eau indéfiniment, vous n'en obtiendrez pas pour autant de l'eau propre. Mais vous en aurez si, dans ce verre, vous faites couler de l'eau pure.

[16] Ne faire à autrui que ce que nous voulons qu'il nous fasse. N.T.

A présent il est mort, il a disparu

Beaucoup de personnes éprouvent un sentiment de culpabilité parce qu'elles ne sont pas allées auprès de leurs parents au moment de leur transition dans la prochaine dimension. Elles disent : « Je me suis mal conduit envers ma mère » ou bien : « Mon mari est mort et j'étais sortie à ce moment-là » ou encore : « Je n'ai pas pardonné à mon père et maintenant il est mort, il a disparu ».
La Bible donne la réponse et enseigne comment pardonner à soi-même et aux autres. La première chose que vous devez comprendre c'est que, dans l'entendement-principe, il n'y a ni temps ni espace. A l'instant même vous pouvez vous détendre et penser à votre mère à qui vous croyez avoir fait du mal. Imaginez que vous lui parlez; dites-lui combien elle vous est chère, combien vous l'aimez. Exaltez-la dans votre esprit et prenez conscience de ce que Dieu est là et de ce que son amour, sa lumière, sa vérité et sa beauté coulent à travers elle; prenez conscience de ce qu'elle est vivante de la vie de Dieu. Vivez cette scène imaginaire jusqu'à ce que vous vous sentiez l'âme remplie de joie. Continuez de dramatiser ainsi cette scène mentale, la réaction viendra et vous vous sentirez libre; votre mère sera libérée. L'action de Dieu se sera faite, votre mère oubliera l'incident et vous aussi. Une guérison complète fait suite à l'application de cette méthode.

Effacez la blessure psychique

Vous pouvez, si vous le voulez, effacer un discours enregistré sur bande magnétique. De même vous pouvez effacer de votre esprit subconscient les traumatismes psychiques en y imprimant les vérités de Dieu. Le nouveau ton des vibrations de vos pensées effacera les vieux prototypes de penser négatif qui sont logés dans votre subconscient.

Ma conscience est mon guide

Un homme me dit récemment : « Ma conscience est mon guide ». Cet homme écrivait « au vitriol » des articles où il attaquait un certain groupe de religieux. Je lui expliquai le fonctionnement de son esprit profond. Il comprit que ses préjugés, ses haines et ses prototypes superstitieux avaient été, pendant sa jeunesse, implantés dans son esprit et que ce conditionnement mental était la raison de son ressentiment, de son hostilité et de son antagonisme envers les autres groupes religieux.

Bien des personnes sont devenues les victimes de la superstition impitoyable et des préjugés de l'ignorance. Bien des gens ont ruiné leur vie en suivant ce qu'ils appelaient la voix de leur conscience. Un homme m'avoua un jour : « J'entends en moi une voix qui me dit de tuer ma belle-mère. » La voix qu'il entendait existait bien, tout comme la voix de vos rêves. Le subconscient dramatise toujours les impressions qu'il reçoit. Le subconscient est notre livre de vie qui enregistre toutes nos pensées, tous nos sentiments et toutes nos croyances. J'expliquai à cet homme que sa haine et son constant ressentiment envers sa belle-mère avaient mis le meurtre dans son cœur, que ses pensées mauvaises, destructrices, s'enfonçaient toujours dans son esprit et qu'elles finiraient par saturer son subconscient de l'idée de meurtre. Le subconscient agit par réaction et sa loi est celle de la contrainte; par conséquent cet homme allait commettre ce meurtre. Les voix qu'il entendait étaient celles de son subconscient qui lui répétait ce qu'il lui disait. Mon explication fut sa guérison. Il bénit sa belle-mère et pria pour elle. Ils sont devenus de bons amis et elle l'appelle désormais « mon fils ».

La vraie voix de Dieu

Aux jours de l'Inquisition, ceux qui mirent à mort des milliers de protestants le firent au nom de la conscience. Cette conscience représentait la haine et la bigoterie. Les savants archéologues ont acquis la preuve que dans la Babylone antique des parents lapidèrent leurs enfants pour les punir d'infractions mineures à des lois et à des règlements qu'ils avaient promulgués.

Aujourd'hui bien des personnes sont victimes d'une conscience névrosée. Les prototypes de conscience varient selon les différences de religions, les influences raciales et sociales. Il faut apprendre à faire la différence entre ce que vous appelez votre conscience et la voix de Dieu. Dieu parle toujours dans la paix, jamais dans la confusion. La voix de Dieu est toujours constructive, harmonieuse et paisible. La voix de Dieu et ses instructions sont toujours en faveur de la vie, tendent toujours en faveur de la vie, tendent toujours vers la vie plus abondante. Chaque fois qu'une voix vous pousse à agir contre les lois de la vie, contre la règle d'or, les Dix Commandements ou contre l'Epître de Paul aux Corinthiens au 13e chapitre, l'épître de l'amour, vous savez très bien que ce ne peut être la voix de la vérité, la voix de Dieu.

Elle se lavait cent fois par jour

Une jeune femme vint me voir et me dit qu'elle se sentait obligée de se laver les mains cent fois par jour, tant elle avait peur d'une infection. Cette femme était catholique et son mari juif. Ils furent très heureux ensemble jusqu'au moment où elle reçut de sa mère des lettres dans lesquelles celle-ci l'accusait d'avoir commis une faute grave, y ajoutant des menaces religieuses et une condamnation morale. J'expliquai à cette jeune femme que l'amour ne connaît ni credo, ni race, ni sectarisme. L'amour transcende toutes les religions. Elle comprit aussi que personne ne pouvait briser son mariage, puisque l'amour y régnait en maître. Elle se moqua d'elle-même de s'être tant inquiétée de ce que disait sa mère, et comprit pourquoi celle-ci lui avait adressé ces lettres stupides : elle avait été complètement influencée par les tabous religieux, les préjugés et les interdits de toutes sortes. Son point de vue était celui de la superstition, de l'ignorance et elle ne se plaçait pas au point de vue de Dieu, la vérité. En Dieu il n'y a ni Juif, ni Grec, ni catholique, ni protestant, ni Hindou, ni athée. Dieu n'a point de religion et ne sait rien des credos, des dogmes et autres opinions des hommes. Cette jeune femme apprit à prier et à imaginer qu'elle recevait de sa mère une lettre pleine de tendresse, de bonté et de compréhension.

Je lui contai l'histoire d'Orage, un disciple de P.-D. Ouspensky, qui enseignait ceci à ses élèves : « Ecrivez une lettre, comme si un de vos amis vous l'adressait, et qu'elle vous donne une grande satisfaction. Ecrivez en termes exacts ce que vous aimeriez que votre ami vous dise. »

Chaque soir ma jeune consultante embrassait sa mère en imagination et lui adressait des pensées d'amour, de paix et de joie, puis elle lisait la lettre imaginaire de sa mère, qui remplissait son âme de joie. Elle continua d'agir ainsi pendant près de trois semaines; elle reçut alors de sa mère une lettre où celle-ci s'excusait de ce qu'elle avait écrit auparavant, s'exprimant en termes identiques à ceux que sa fille avait imaginés et dont chaque soir elle s'était réjouie.

La morale est affaire de latitudes

Dans bien des parties du monde les hommes ont plusieurs épouses, ce qui est conforme à leur religion et à leurs coutumes. Notre Bible enseigne que l'amour est l'union de deux âmes qui cherchent leur chemin de retour au cœur de la réalité. Si un Américain, un Anglais ou un Français avait plusieurs femmes, sa conscience le tourmenterait jusqu'à le détruire : il éprouverait un vif sentiment de culpabilité. Une femme de nos pays occidentaux ne voudrait pas que son mari eût d'autres épouses; elle en tomberait sans doute sérieusement malade, mentalement et physiquement.

La réponse aux complexes de culpabilité

« ... C'est en vain qu'ils m'honorent en enseignant des doctrines qui ne sont que commandements d'hommes. Car, écartant les commandements de Dieu, vous maintenez les traditions des hommes. »

Dans la concision de ces versets, nous avons la réponse aux complexes de culpabilité de millions de personnes qui se croient pieuses et intelligentes. Est-ce que les pensées mortes, les doctrines et les élucubrations de vos parents et de vos grands-parents vous gouvernent, ou bien êtes-vous dirigé par Dieu et par ses vérités spirituelles ? Apprenez la grande loi de la vie : Dieu est vie, et cette vie cherche à s'exprimer à travers vous en tant que beauté, harmonie, joie, amour, ordre, rythme et abondance. Le royaume de Dieu est en vous. Lorsque vous vous tournerez vers elle, lorsque vous l'appellerez, l'Intelligence infinie vous conduira et vous guidera dans toutes vos voies.

La morale des peuples varie à travers le monde, suivant la situation géographique. Elle est basée sur les normes et les concepts traditionnels de chaque pays, de chaque race. Les différentes morales ne sont vraies que dans la mesure où elles se conforment au principe de vie qui cherche éternellement à s'exprimer en tant qu'harmonie, santé, paix, joie, amour, symétrie et vie plus abondante.

Vous devez croire ce que nous enseignons

Il y a deux mille ans, en disant à Jésus qu'il ne devait pas guérir le jour du Sabbat, le peuple croyait obéir à la voix de la conscience. Ces pensées, ces croyances traditionnelles sont contraires aux lois de la vie Elles sont parfaitement erronées et destructrices. Dites-vous à vos enfants : « Nous, vos parents, possédons la seule vérité; vous devez croire ce que nous vous enseignons. Vous ne devez jamais penser par vous-mêmes, vous devez accepter sans discussion nos dogmes » ? Ce serait désastreux. C'est une attitude dictatoriale, totalitaire, car il se peut que ce que vous leur enseignez soit un mensonge. Ils grandiront alors conditionnés de telle sorte que s'ils violent ces stupides et grotesques tabous que vous leur aurez enseignés, ils seront victimes de complexes de culpabilité; saisis de peur, ils se puniront eux-mêmes.

Détruisez le mensonge

Il est des hommes et des femmes qui vivent dans la haine l'un de l'autre, dans une incompatibilité sans espoir, parce que leur peur du divorce est motivée par des croyances religieuses. Ils font un complexe de culpabilité et croient que Dieu va les punir. Ils sont victimes de leur formation première et des dogmes superstitieux implantés dans leur esprit par la bigoterie de leurs parents ou de leurs maîtres. Ils préfèrent vivre dans le mensonge plutôt que d'avoir le courage et la décence de briser ce lien. Ils disent : « *Ce que Dieu a uni, qu'aucun homme ne le sépare.* » Dieu est amour; si le cœur est le lieu de la présence de Dieu et si l'amour n'unit pas les deux cœurs de l'homme et de la femme, le mariage est une moquerie, une farce, une tromperie et une mascarade.

Dieu ne condamne personne

Beaucoup de personnes se sentent coupables parce qu'elles acceptent comme vrai ce qui, en fait, est faux. Dieu ne condamne personne. Dieu vous a déjà pardonné. Pardonnez-vous à vous-même. Changez votre pensée et maintenez-la telle. Pensez à tout ce qui est vrai, juste et bon. Pensez selon la règle d'or et la loi d'amour. Vous viendrait-il à l'esprit de désobéir aux lois de la chimie, de la physique, des mathématiques ? Construiriez-vous une roue sans moyeu ? Croyez-vous à des superstitions, à des préjugés désuets, ignorants et grotesques qu'on a baptisés « croyances religieuses » ? Ou bien avez-vous entrepris une étude sérieuse et approfondie du mécanisme de votre esprit subconscient et de votre esprit conscient ? Le savant moderne est obligé de se conformer à la loi naturelle; il ne peut la changer. Votre religion aussi doit s'y conformer. Le résultat en sera la « conscience », ce qui signifie « *avec connaissance* ». La loi de la vie est la loi de la santé, du bonheur, de la paix, de l'ordre, de la beauté, de l'action juste et de l'abondance. L'ordre divin est la première loi du ciel.

« *Ne pensez plus aux événements passés, ne considérez plus ce qui est ancien* » (Esaïe 43 : 18).

« *Je laisse ce qui est derrière moi et me portant vers ce qui est devant moi je cours vers la récompense à laquelle, d'en haut, Dieu m'a appelé* » (Philippiens 3 : 12-14).

Réagissez ainsi et entrez dans la glorieuse liberté des fils de Dieu.

Points essentiels

1. La culpabilité est une maladie mentale, elle est anormale et contre nature. Vous n'êtes point né avec un sentiment de culpabilité.

2. Un enfant n'a pas le sens du péché. Le premier sentiment de culpabilité lui vient quand il voit sa mère en colère et mécontente de lui.

3. Lorsqu'un enfant est puni pour quelque chose qu'il ne comprend pas, il est troublé et conclut qu'il doit être mauvais.

4. Un enfant cherche à saisir tout ce qu'il admire. Il faut l'éduquer peu à peu, lui apprendre qu'il peut, sans violer les droits des autres, obtenir ce qu'il veut par la loi divine et dans l'ordre divin.

5. L'univers est mental et spirituel. Il faut vous approprier mentalement ce que vous voulez.

6. Lors des épidémies, des grandes sécheresses et autres fléaux de l'Antiquité, les hommes sacrifiaient des taureaux, des agneaux ou des boucs pour apaiser ce que, par superstition, ils croyaient être la colère des dieux.

7. L'homme primitif éprouvait amour ou aversion; la crainte et l'espoir sont à la source de la religion.

8. Au sujet de Dieu, les idées de l'homme primitif gravitaient autour du plaisir ou de la douleur et elles dérivaient uniquement des forces de la nature.

9. La raison pour laquelle un enfant mouille constamment son lit peut être un ressentiment envers sa mère qui fait que, psychologiquement, il souhaite la noyer.

10. Quand un adolescent se rebelle contre les symboles de l'autorité, tels que les agents de police ou les professeurs, il combat généralement son propre père, parce qu'envers lui il éprouve de la haine et du ressentiment, comme un feu qui couve.

11. Nous devons tous nous soumettre à l'autorité. Nous avons à nous accommoder des lois de la société et des commandements divins.

12. Ce que nous appelons la voix de la conscience, c'est notre sentiment auquel s'ajoute la voix des autres; c'est souvent la voix de l'ignorance, de la peur, de la superstition et du mensonge implantés dans notre esprit par nos parents ou par nos maîtres.

13. Il est mauvais de faire peur à un enfant en lui disant que Dieu va le punir. Dieu ne punit personne.

14. Là règne une bonne conscience, où l'on enseigne aux enfants la règle d'or, l'amour d'autrui, et où on leur apprend que l'honnêteté est la meilleure politique.

15. La signification du péché originel est que l'homme a oublié son origine divine et qu'il prend les commandements des hommes pour les vérités de Dieu.

16. Si vous sentez que vous avez fait du mal à votre mère, pardonnez-vous. Exaltez-la dans votre esprit. Sentez que la présence de Dieu est en elle, que sa lumière, son amour, sa vérité et sa beauté coulent à travers elle. Une guérison s'ensuivra.

17. Ne permettez pas à votre conscience d'être votre guide. Faites appel à l'Intelligence infinie afin qu'elle vous guide et vous dirige. Sa tendance va toujours vers la vie.

18. Les prototypes de la conscience varient selon les différentes religions et les différentes influences raciales et sociales.

19. Dieu n'a point de religion et ne sait rien des credos, des dogmes et autres opinions des hommes. Dieu est impersonnel et ne respecte pas les personnes.

20. Si un Américain ou un Européen avait plusieurs épouses, sa conscience pourrait le détruire à cause de son sentiment de culpabilité.

21. Prenez la décision d'être dirigé par Dieu et par ses vérités spirituelles.

22. C'est la voix de la conscience qui fit dire à Jésus, par les gens d'il y a deux mille ans, qu'il ne devait pas guérir le jour du Sabbat.

23. La morale des peuples varie d'un pays à l'autre, elle est de nature géographique.

24. Il vaut mieux détruire un mensonge que de le vivre dans le mariage.

25. Beaucoup de personnes se sentent coupables parce qu'elles acceptent comme vrai ce qui est faux.

26. La loi de la vie est la loi de la santé, du bonheur, de la paix, de l'ordre, de la beauté, de l'action juste et de l'abondance.

CHAPITRE XIII

La qualité magique de la confiance en soi

Vous êtes l'expression de la vie. Vous êtes l'instrument de son expression. Vous êtes, pour la vie, d'une grande importance et il faut que vous compreniez bien que la vie s'intéresse intensément à votre bien-être, à votre développement, à votre épanouissement. Vous avez à faire ici-bas un travail spécial; de plus, vous êtes différent de toute autre personne. Non seulement votre apparence est différente, mais vos pensées, vos sentiments, vos croyances le sont aussi. Vous êtes naturellement doué de manière particulière, vous possédez des capacités uniques, des dons inhérents qui vous sont propres. Vous êtes habilité à exprimer la vie d'une façon différente de tout autre être.

Apprenez à faire ce que vous pouvez et devez faire. Votre destinée, votre raison d'exister seront ainsi accomplies. Occupez votre place dans la vie, vous sentirez alors votre importance sur le plan des choses. Vous êtes doué de facultés qui sont l'imagination, le penser, le raisonnement, le pouvoir de choisir et d'agir. La vie désire exprimer à travers vous toutes ses glorieuses expressions de vitalité, de paix, d'amour, de joie et de sagesse.

La signification de la confiance

Confiance veut dire « avec foi ». La foi est la conscience de la présence et de la puissance de Dieu en vous. Par votre humble foi en vous-même en tant qu'enfant de Dieu, vous pouvez vivre une vie victorieuse et triomphante. Vous pouvez rencontrer de nombreuses difficultés, bien des obstacles, une opposition apparemment irréductible mais, avec une véritable confiance en vous-même, vous serez à même de faire face vaillamment et joyeusement. Avec Dieu à vos côtés, dans une confiance profonde, constante et inébranlable, vous pouvez passer à travers toutes les vicissitudes de la vie.

Il y a dans la Bible un merveilleux texte, de première importance pour tous ceux qui souhaitent acquérir la confiance en soi. Beaucoup le considèrent comme une des déclarations les plus grandes et les plus profondes des Ecritures. Il se trouve dans l'épître de Paul aux Romains : « Si Dieu est pour nous, qui sera contre nous ? » (Romains 8 : 31). Absorbez-vous dans la beauté et la sagesse de cette vérité afin qu'elle prenne possession de vous; alors vous serez à même de vivre dans la confiance. Aux personnes qui viennent me consulter, j'apprends à personnaliser ce verset en disant : « Si Dieu est pour *moi,* qui peut être contre *moi* ? » Tous les matins, pendant trois à quatre minutes, elles le répètent devant leur miroir. En pénétrant dans leur esprit, cette pensée les assure de pouvoir surmonter tous les obstacles. Elles font ainsi une expérience spirituelle qui s'accompagne d'un sentiment de victoire.

Mettez votre confiance en Dieu

Dans la Bible vous lisez ces merveilleuses paroles : « *Sans la foi il est impossible d'être agréable à Dieu, car il faut que celui qui s'approche de Dieu croie que Dieu existe et qu'il est le rémunérateur de ceux qui le cherchent* » (Hébreux 11 : 6). Il faut que l'homme ait confiance en Dieu, principe de vie, qui répond à sa pensée et ne lui fait jamais défaut.

Il y a quelques années, séjournant au bord de la mer de Galilée, j'y rencontrai un homme très intéressant qui me parla de sa vie. « Il y a quelques années, me dit-il, j'étais en Allemagne et j'avais une grosse fortune. J'avais confiance en mes actions, mes obligations, mes immeubles et aussi en mes titres universitaires. Vint la guerre. Je perdis toute ma famille et je fus enfermé dans un camp de concentration. A la fin de la guerre, une fois libéré, je me retrouvai sans le sou. Mais j'avais découvert que toutes choses passent, sauf Dieu, et que Dieu seul suffit. Je me suis tourné vers lui et il me répondit. Aujourd'hui je suis heureux, libre, riche et respecté de tous. »

« Comment avez-vous prié ? » lui demandai-je. Il me dit que sa prière avait été, en substance, à peu près celle-ci : « Dieu me montre le chemin que je dois prendre. Il m'ouvre une nouvelle porte. Il me révèle un nouveau chemin dans la vie. Dieu me donne confiance, paix, santé et richesse. Dieu m'a préservé, il a veillé sur moi, je sais qu'il continuera à prendre soin de moi, maintenant et à jamais. »

Cet homme avait découvert le secret de la confiance en soi. Des amis vinrent à son aide, on lui prêta de l'argent, dans un nouveau pays de nouvelles possibilités s'ouvrirent à lui. Il est à présent prospère, et au-delà de ses plus beaux rêves.

Ayez une foi pratique

Beaucoup de personnes ont foi en un système théologique ou en certains dogmes ecclésiastiques, mais point du tout de foi pratique, et leur vie est tout à fait troublée. D'autres (qui ont ou qui n'ont pas de système théologique) ont cette foi pratique qui s'exprime dans leurs affaires, à travers leurs talents, dans leurs foyers et dans leurs rapports avec les autres. Il faut que votre foi en Dieu se démontre dans votre esprit, dans votre corps et dans vos affaires. La foi en Dieu et en toutes choses bonnes vous remplit de confiance en vous-même. La confiance met dans votre regard une lumière, vous donne une prestance accrue et une emprise nouvelle sur la vie. Vous êtes souriant, plein de vitalité et d'énergie. La confiance en soi se reflète dans le maintien d'un homme, dans ses manières, ses gestes, son langage et son regard. Tout en lui révèle son estime de soi.

L'Eternel est votre berger

Dans le Psaume 23, qui est une des plus belles prières de la Bible, David dit que l'Eternel le guida, prit soin de lui et veilla sur lui comme un berger surveille et protège ses brebis. David dit qu'en lui-même un principe directeur le conduisit vers des situations de paix, de bonheur et de joie. David croyait en cette présence de Dieu et Dieu lui répondit.

Qu'est-ce que l'Eternel ? L'Eternel, c'est l'Intelligence infinie qui est en vous, qui vous a créé et qui vous soutient, vous et toutes choses.

Avoir confiance en ce principe directeur de vie, s'en remettre à lui, c'est avoir confiance en vous-même, en votre sagesse et en votre puissance. C'est avoir de l'assurance, ce qui est l'opposé du doute, de la crainte, de la timidité et de l'infériorité.

Il craignait la ruine complète

Un homme de ma connaissance, à la tête d'une affaire importante, me dit : « Je me réveille au milieu de la nuit avec un sentiment de panique et j'accueille chaque jour dans la crainte qui me hante que quelque chose d'affreux se produise. » Plein d'insécurité, cet homme était convaincu que son affaire serait ruinée. Tout en disposant de grosses sommes d'argent, il craignait d'être complètement ruiné. Il ajouta qu'il lisait chaque soir des passages de la Bible, mais que sa peur persistait.

Je prescrivis à cet homme une médication spirituelle à prendre régulièrement. Mon ordonnance était la suivante : « Je sais et je crois que mon affaire est l'affaire de Dieu. Dieu est mon associé dans toutes mes affaires. Je résous tous les problèmes en mettant toute ma confiance dans la sagesse de mon esprit profond. Je me repose à présent dans la sécurité et dans la paix. Il y a une solution harmonieuse à tous mes problèmes. Je sais que tous mes rapports d'affaires s'accordent à la loi d'harmonie. Je travaille harmonieusement avec les autres, en vue du règne suprême du bonheur, de la prospérité et de la paix. L'Intelligence infinie me révèle les meilleurs moyens pour servir l'humanité et je suis plein de confiance dans mon associé principal qui est Dieu. »

A haute voix, mon consultant lut cette méditation neuf ou dix fois par jour, sachant que ces vibrations thérapeutiques, curatives, passeraient de ses yeux à son esprit infecté par la peur. Ses oreilles, elles aussi, entendaient le son de ces vibrations calmantes, curatives et, de même, les communiquaient à son cerveau. Pendant dix jours, à travers ses yeux et ses oreilles, il continua de saturer son esprit de ces vérités et il réussit à éliminer toutes ses pensées de crainte. Son esprit s'emplit de paix et de confiance.

Meilleurs moyens de servir

Cet homme d'affaires comprit ainsi que son affaire était pour lui une merveilleuse occasion de servir les autres. Il cessa de se mener durement et de mener durement ses employés; il cessa de vivre dans la frénésie. Au bout d'un mois il me dit : « Je sais à présent que mon affaire est un moyen d'expression, un canal à travers lequel le principe de vie peut agir en un merveilleux service pour mes employés et pour le public en général. Tous mes sujets de tension ont disparu, j'ai la paix de l'esprit. La banque m'a avancé de l'argent, mon affaire est prospère, ma foi est revenue. »

Une estimation nouvelle

Ayez pour vous-même de l'approbation et une haute estime, car vous êtes une expression individualisée de Dieu. Vous êtes un fils, une expression du Dieu vivant. Adoptez cette attitude de l'esprit, vous perdrez tout sentiment d'infériorité. Je connais des gens dont la foi semble être dans l'argent qu'ils gagnent à la Bourse quand les cours montent et baissent. Ayez une estimation nouvelle, une conviction profonde, une confiance absolue en ce qui ne change jamais, c'est-à-dire les valeurs spirituelles; les lois de votre esprit; le principe de vie est le même hier, aujourd'hui et toujours. Les théologies, les philosophies, les opérations gouvernementales, les valeurs fiscales montent et baissent, vont et viennent. Les gouvernements s'écroulent, les guerres et les conflits font perdre à l'argent sa valeur. Parfois les inondations, les tornades et autres cataclysmes balayent des cités, des villes et des foyers. Tout passe dans ce monde, tout est sujet à changement.

Acquérir la confiance en soi

Pour vraiment acquérir la confiance en soi, il faut que vous ayez foi en l'éternel principe de vie qui vous a créé, vous et le monde. Il faut que, par l'étude et l'application, vous parveniez à la confiance dans les deux phases, les deux fonctions de votre esprit, le conscient et le subconscient. L'esprit subconscient répond à votre penser habituel. Vous êtes à même de choisir vos pensées, votre imagination mentale, vos réactions et vos réponses à la vie. Vous pouvez canaliser constructivement vos émotions. Dans votre esprit subconscient, vous pouvez établir la confiance, de même que vous avez confiance en la chimie, la physique, les mathématiques ou l'électronique, quand vous construisez un appareil de radio ou de télévision. Parce qu'il connaît la chirurgie, l'anatomie, la physiologie et les autres sciences fondamentales du corps humain, un chirurgien a confiance lorsqu'il opère.

Le mauvais côté de la route

Beaucoup de gens disent : « Je suis timide, je suis maladroit, je suis mal à l'aise, je suis né du mauvais côté de la route. Je n'ai pas fait de bonnes études. » Toutes ces pensées négatives passent dans leur esprit; puis intervient l'autodéfense. Certains se retirent en eux-mêmes en disant : « Je veux être seul. » Ils évitent les autres, se centrent sur eux-mêmes et leur mentalité se déforme. Par peur d'être blessés ils ne veulent pas aller chez les autres, ni participer à des réjouissances; ils craignent de faire saigner leurs plaies psychiques...

Cette attitude d'esprit est due à la crainte d'être rejeté et ceux qui l'éprouvent n'ont pas confiance dans leur moi divin. Beaucoup de ces traumatismes psychiques remontent à l'enfance, au temps où les parents menaçaient : « Tu es un cancre. Tu n'arriveras jamais à rien. Tu seras un ivrogne comme ton père ! » et ainsi de suite.

Comprendre que vous pouvez changer votre concept de vous-même, que les conditions, les circonstances et les événements ne sont point des causes, mais des effets, est le moyen de surmonter tout sentiment d'infériorité et de rejet. Toute crainte a pour cause fondamentale le fait de croire que ce qui est extérieur peut être causal. La cause de tout est dans votre propre esprit, elle est mentale.

Vaincre le sentiment d'infériorité

Vous pouvez tout par la puissance divine qui vous anime. Sentez-la couler à travers vous en tant que force, beauté, amour, paix, sécurité, expression parfaite de vous-même. Comprenez que vous êtes uni à Dieu et, tandis que vous pensez à l'harmonie, la santé, la paix, la joie, la puissance et le bonheur, la présence de Dieu répond et manifeste toutes ces qualités dans votre vie. Tandis que la présence de Dieu coule dans ces prototypes de votre pensée, en dépit de ce que pensent, disent ou font les autres, vous devenez créateur, vous devenez ce que vous voulez être.

Vous pouvez bannir tout sentiment d'infériorité en affirmant dans une prise de conscience profonde : « Je suis un canal de la vie, de l'amour, de la vérité et de la beauté de Dieu. Je suis une expression de Dieu. Dieu est mon père; il m'aime et il a soin de moi. Je suis une expression unique de Dieu et personne au monde n'est comme moi. Dieu cherche à s'exprimer à travers moi d'une façon unique et extraordinaire. Je suis un truchement de sa puissance et de sa force, et chaque jour de ma vie j'exprime de plus en plus ma puissance cachée. Je projette sur tous l'amour et la bonne volonté et je souhaite à chacun ce que je me souhaite à moi-même. Je suis uni à mon père, et mon père, c'est Dieu. »

Plusieurs fois par jour méditez ces vérités et particulièrement le soir avant de vous endormir; vous verrez disparaître tout sentiment d'infériorité et d'ostracisme. Souvenez-vous que lorsque vous offrez à votre subconscient des pensées vivifiantes et de nouveaux prototypes mentaux, il accepte l'imagerie nouvelle, oblitérant le passé, le rayant définitivement. En éliminant tous les prototypes subjectifs qui étaient cause de vos difficultés, la prière change l'esprit subconscient. Prier, c'est remplir votre esprit des vérités de Dieu, écartant ainsi tout ce qui n'est pas semblable à Dieu, c'est-à-dire à la vérité.

Il fut pris de panique

Henry Hamblin, fondateur et éditeur de la revue *The Science of Thought Review*, à Londres, me raconta qu'un dimanche matin il reçut un appel du pasteur congrégationaliste de son quartier. Ceci eut lieu à l'époque où

Hamblin commençait à écrire des articles sur des sujets spirituels. Ce pasteur lui demandait de se substituer à lui ce matin-là. Hamblin n'avait jamais participé à un service congrégationaliste et n'en connaissait ni la routine ni les usages. Il me dit qu'il avait été saisi de panique, rempli de consternation et d'appréhension et qu'une sueur froide lui coulait le long de l'épine dorsale. Il se mit à penser : « Où donc est ma foi ? » Il n'avait pas le temps d'ouvrir la Bible ni de préparer un sermon. Il monta en chaire et l'assistance entonna ses hymnes, puis prononça sa prière d'action de grâce.

Hamblin affirma : « Dieu me guide et me révèle ce que je dois dire. » Soudain la citation « J'élèverai mes yeux vers les montagnes d'où me vient le salut ». (Psaume 121 : 1) lui vint à l'esprit et mentalement il s'abandonna en affirmant : « Je capitule, Dieu prend le commandement et parle à travers moi. » Instantanément le fardeau de crainte disparut. Il fut élevé par l'esprit de telle sorte qu'intuitivement il lut dans les cœurs des personnes présentes. Il les vit, luttant, se bousculant, se querellant pour les babioles de la vie. Elles ne semblaient pas savoir où elles allaient. Hamblin eut l'impression de contempler le cœur de toute l'humanité.

Ce fut une vision cosmique que lui donna l'esprit de Dieu. Il vit les espoirs, les craintes, les tendresses et les haines, les joies, les défauts, les faiblesses, les délinquances — tout à la fois. Une divine compassion s'empara de lui. Aussi soudainement qu'elle était venue, la vision s'évanouit et il se mit à parler. Il tint son auditoire suspendu à ses lèvres; il fut saisi et rempli du Saint-Esprit. Ce fut la reconnaissance de l'Esprit en lui-même qui donna à Hamblin la confiance dont il avait besoin. L'auditoire tout entier sentit les harmoniques intangibles et invisibles qui, subjectivement, le traversaient. Hamblin avait découvert la puissance qui fait tourner le monde et qui répond toujours quand on l'appelle. Voilà comment se construit la confiance en soi.

Il ne parvenait pas à faire sa demande

Un jeune homme qui, le matin, écoute à la radio l'auteur de ce livre, lui écrivit pour lui dire qu'il était timide au point que chaque fois qu'il essayait de faire sa demande à la jeune fille de son choix, il se trouvait muet et plein d'effroi. La peur le tenait prisonnier.

Je vis ce garçon et je lui suggérai d'imaginer, chaque soir avant de s'endormir, qu'en présence de la jeune fille il agissait comme il le souhaitait. Il s'imagina être l'ardent amoureux qui se dit : « Voici comment je lui fais ma demande en mariage. » A maintes et maintes reprises, chaque soir il dramatisait dans son esprit la scène, donnant à ce film mental une réalité aussi vivante que possible. Il se promit d'agir ainsi dans le calme et l'équilibre absolu. Le vingtième soir il se rendit chez la jeune fille et lui fit une déclaration pleine de foi, de confiance et de ferveur. Il fut accepté.

Vous pouvez surmonter

Trop de personnes ont envers la vie une attitude d'extrême timidité. Revêtez l'armure de Dieu en sachant que Dieu pense, parle et agit à travers vous. Si vous vous sentez en état d'infériorité devant un dilemme, devant une tâche à accomplir, pensez à toutes les raisons pour lesquelles vous pouvez surmonter, réaliser et arriver à une solution heureuse. Dites-vous à vous-même : « Je vais vaincre par le pouvoir du Tout-Puissant. »
Nous savons tous qu'Abraham Lincoln se sentit inférieur à sa tâche lorsqu'il eut à prononcer un discours pour commémorer la bataille de Gettysburg. Il pria afin d'être inspiré, médita des passages de la Bible et demanda à Dieu conseil et force. Il aborda sa tâche avec humilité, simplicité et avec un sentiment de vénération profonde pour le Divin. « *Celui qui vient à Dieu doit croire qu'il existe et que Dieu est rémunérateur...* » Lincoln était convaincu que Dieu répond toujours à la prière. Sa simplicité, son dévouement à la vérité, son humilité devant Dieu lui firent prononcer un des plus grands discours de l'histoire.

Divinement surpassé

Lorsque vous vous trouvez en face d'un problème difficile, prenez conscience de la divinité qui est en vous et dites-vous : « Ce problème est divinement surpassé parce que je vois Dieu et que tout ce qu'il m'est nécessaire de savoir et d'accomplir, Dieu me le révèle. » Allez de l'avant, prenez la situation à bras-le-corps, faites de votre mieux; vous verrez que l'esprit infini vous viendra en aide.

Faites de sages placements

Ne gaspillez pas votre énergie. Surveillez les dépenses de votre penser en faisant en sorte que toutes vos pensées soient sagement investies. Souvenez-vous que, dans votre esprit, la loi de parcimonie doit prévaloir et que vous

devez économiser vos présomptions. Dieu est, il vous répond : ces affirmations doivent être vos prémisses, car « *La foi est la substance des choses qu'on espère...* »
Avoir la foi, c'est percevoir la réalité de l'idée, de la pensée ou de l'image créée en votre esprit. Vous avez la foi lorsque votre idée d'un livre, d'une pièce de théâtre, d'une composition ou d'une invention est aussi réelle que votre main ou que votre cœur. C'est cela, la substance des choses qu'on espère, c'est cela l'évidence des choses qu'on ne voit point. Je ne vois pas la nouvelle invention que vous avez dans l'esprit, pourtant si vous acceptez cette idée et si vous lui accordez votre attention, la loi de croissance jouera. Semblable à la semence qu'on enfonce dans la terre, votre idée s'attirera tout ce qui est nécessaire à son épanouissement.
Il est très étrange que les gens s'attendent à avancer dans la vie, à être heureux, en bonne santé, sans se servir de leurs facultés mentales, même sans en rien connaître. Il ne vous viendrait pas à l'idée de conduire une automobile sans avoir pris des leçons, pas plus que vous ne vous mêleriez de chimie sans avoir étudié cette science. La pensée est un processus aussi réel et aussi défini que la préparation du carbonate monosodique, communément appelé bicarbonate de soude. Vous êtes à même de faire dans votre propre esprit des combinaisons mentales merveilleuses, des combinaisons qui transformeront votre vie. Les pensées sont des choses, et *tel un homme pense en son cœur, tel il est.*

Bannir le souci

Vous faire du souci, c'est détourner délibérément votre attention du bien pour la fixer sur les aspects négatifs de la vie. Alors vos pensées tournent, tournent à vide, et vous cherchez en vain le moyen de sortir d'un dilemme. De la périphérie revenez au centre, là où demeure Dieu; vous y trouverez la réponse.
Quand nous créons une image mentale, il faut que nous en sentions la réalité ! Il faut que l'image soit vivifiée par la réalité. La scène que vous imaginez doit être une dramatisation, une série de prototypes mentaux que vous sentez être vrais. En grande majorité les gens se rendent à leurs affaires et à leurs autres activités avec une imagerie mentale fâcheuse d'où découlent toutes sortes d'ennuis dans leur vie. Leur esprit est nu. Il faut vêtir le vôtre de foi en Dieu et en tout ce qui est bon. Il faut qu'à chaque instant vous croyiez à la bonté de Dieu, à ses directives, à sa puissance tutélaire. Lorsque votre esprit est ainsi vêtu, vous portez le vêtement de

Dieu. Vous ne vous rendriez pas à un banquet en costume de sport, pas plus que vous n'iriez en habit à la piscine. Etes-vous mentalement habillé pour aller à Dieu, ou bien votre esprit est-il couvert de vieux vêtements déchirés, malpropres, en haillons ? C'est en toute occasion que vous devez porter vos beaux habits mentaux. Quand vous partez en voyage, pénétrez-vous de ceci : « L'amour divin va devant moi et il rend mon chemin droit, beau et joyeux. »

Comment vivre une vie enchantée

La Bible déclare clairement que si vous portez le vêtement mental de la foi, vous serez « *... comme ces hommes qui ont conquis des royaumes par la foi, exercé la justice, obtenu des promesses, fermé la gueule des lions, éteint la violence du feu, échappé au tranchant de l'épée, triomphé de la maladie, montré leur vaillance dans la guerre et mis en fuite des armées ennemies* » (Hébreux 11 : 33-34).

Voilà les choses merveilleuses qu'accomplit la confiance en Dieu. Vous voyez qu'en accroissant votre conscience de la puissance de Dieu vous surmontez tous les obstacles prétendument insurmontables. Il est des personnes qui ont échappé aux incendies, aux inondations, aux tornades, aux désastres en mer, qui ont subjugué des lions et qui ont surmonté les ravages de la guerre. Rien ne les toucha, elles semblaient mener une vie enchantée, car le charme de Dieu les entourait. Ces gens-là étaient enivrés de Dieu, ayant reconnu et accepté la présence de Dieu au centre de leur être, la présence qui est toute-puissante pour guérir, pour sauver et pour protéger.

La vie vaut la peine d'être vécue

William James a dit : « Croyez à la bonté de la vie, croyez que la vie vaut d'être vécue; votre croyance en fera une réalité. »

Cessez de vous identifier à l'échec, à la pénurie, à la limitation. Unissez-vous à vos desseins, à vos aspirations. La timidité est un état d'esprit négatif. Les timides sont en général des égoïstes consommés qui essayent de cacher leur égoïsme dans la retraite mentale. Les timides doivent faire ce qu'ils redoutent de faire; la mort de leur crainte est alors assurée. Il faut que, dans la vie, nous sachions gagner avec plaisir et perdre avec le sourire.

Démosthène bégayait lamentablement. Il décida de devenir un grand orateur et persévéra jusqu'à la victoire. Il l'obtint par sa confiance en la toute-puissance du divin, qui rend tout possible à celui qui croit.

Il était timide, craintif et effacé

Nombreux sont ceux qui connaissent les grands sermons classiques, les sermons qui remuent l'âme, de Henry Ward Beecker. Comme enfant, il était très craintif, timide, réservé, effacé. Un palais anormalement large lui donnait un défaut de prononciation. Il babillait constamment, dans un effort subconscient pour compenser son handicap. Il croyait qu'il deviendrait un grand prédicateur et il devint le grand prédicateur de la Plymouth Church. Le découragement déprime rarement l'homme qui se concentre sur l'accomplissement de son plus haut désir. Il perd sa misère et sa souffrance, celui qui trouve Dieu au fond de soi.

Le rire est un excellent remède

Les Grecs disaient que le rire est l'apanage des Dieux. Le rire est le remède à bien des maux. L'homme est le seul être au monde qui sache rire, les animaux n'en sont pas capables. Le rire vous rend le sens de la perspective, détourne votre attention de vous-même et vous permet de penser clairement et de manière décisive. Prenez bien soin de rire de vos craintes. Ayez soin aussi de rire quand les gens vous invitent et, surtout, riez de bon cœur de toutes les erreurs, de toutes les sottises que vous faites au long du jour. Riez lorsque vous vous prenez au sérieux. Plus le problème est grand, plus vous devez en rire. Il n'y a ni pitié ni condamnation de soi lorsque la gaîté de Dieu est en possession de l'âme d'un homme. J'ai entendu l'autre jour un garçon dire à sa mère : « J'ai ri, parce que je ne voulais pas pleurer. » Ce garçon avait laissé tomber du lait et des œufs sur la rue; au lieu de pleurer, il avait ri. Il n'y a pas de bon sens à pleurer sur du lait renversé [17].

Le centre sacré

Revenez au centre de vous-même, où Dieu demeure. Là se trouvent la paix, la béatitude, l'harmonie et la joie. Là vous vivez au-delà du temps et de l'espace. Vous êtes seul avec Dieu. Vous êtes au centre sacré de

[17] Proverbe populaire anglais. N.T.

l'éternel amour de Dieu. Tenez-vous sur ce roc. Vous y êtes invincible et invulnérable; les négations du monde ne peuvent vous toucher. Par sa nature même, Dieu est pour vous; qui peut être contre vous ? Si le sentiment de votre union avec Dieu vous donne la confiance absolue en l'accomplissement de tous vos rêves, il n'y a pas de puissance au monde qui puisse entraver votre réussite, votre accomplissement, la réalisation du désir de votre cœur.

Des armes pour vaincre dans la vie

1. Si Dieu est *pour moi,* qui pourra être *contre moi* ? Personnalisez ce verset, vous surmonterez tout sentiment d'infériorité.

2. Il faut que vous ayez confiance en Dieu, principe de la vie, qui répond à votre pensée et ne faillit jamais.

3. Votre foi en Dieu doit être manifestée dans vos affaires, dans l'expression de vos talents, dans votre foyer et dans vos rapports avec autrui.

4. Il y a un principe intérieur qui vous guidera vers des situations paisibles, heureuses et joyeuses.

5. Avoir confiance en ce principe intérieur et conducteur de la vie, c'est avoir confiance en vous-même.

6. Vous êtes l'expression de la vie, et la vie s'intéresse intensément à votre bien-être, à votre épanouissement.

7. Pour réussir dans les affaires, prenez conscience de ce que Dieu est votre principal associé et de ce que cette présence de Dieu, qui est en vous, vous guide, vous dirige et veille sur vous dans toutes vos voies.

8. Comprenez que votre activité est une occasion de servir les autres.

9. Ayez l'approbation de vous-même, ayez de vous-même une haute estime, car vous êtes une expression individualisée de Dieu.

10. Pour acquérir vraiment la confiance en soi, il faut que vous ayez foi en l'éternel principe de vie qui vous créa et qui créa le monde.

11. La raison fondamentale de toute crainte est la croyance en la causalité des choses extérieures. La cause de toute chose est la puissance créatrice en votre propre esprit. Changez votre pensée, vous changerez votre destinée.

12. Vous pouvez tout par la puissance de Dieu, qui vous fortifie.

13. Vous surmonterez le trac en dramatisant à maintes et maintes reprises un acte imaginaire, en faisant de ce plan mental une chose aussi vivante que possible.

14. Si, face à un dilemme, vous vous sentez inférieur à votre tâche, dites-vous : « Je vaincrai par le pouvoir du Tout-Puissant. »

15. Tout problème est divinement surpassé parce que Dieu demeure en vous.

16. Vous avez une vraie foi, une vraie confiance en l'avenir lorsque vous comprenez que l'idée que vous avez d'un livre, d'une pièce, d'une composition, d'une invention ou d'un voyage est aussi réelle que votre main ou votre cœur.

17. En créant une image mentale, il faut que vous la *sentiez*. Il faut « l'émotionnaliser ».

18. Tandis que vous affirmerez votre conscience de la puissance de Dieu dans votre esprit, vous surmonterez tous les obstacles prétendument insurmontables.

19. Croyez à la bonté de la vie, croyez que la vie vaut d'être vécue; votre croyance en fera une réalité.

20. Le découragement atteint rarement l'homme qui se concentre sur l'accomplissement d'un haut désir.

21. Le rire vous rend le sens de la perspective, détourne votre attention de vous-même et vous permet de penser clairement et de manière décisive.

22. Par sa nature même, Dieu est pour vous; qui peut être contre vous ?

[illegible]

12. [illegible] par la [illegible] qui vous formulez.

13. Vous [illegible] et [illegible] de [illegible] que possible.

14. [illegible]

15. [illegible]

16. Vous [illegible] de [illegible] que vous [illegible]

17. [illegible]

18. [illegible] de la [illegible]

19. [illegible]

20. [illegible]

21. [illegible]

22. [illegible]

CHAPITRE XIV

La volonté de Dieu et votre volonté

Un homme me dit un jour qu'il serait heureux, joyeux et prospère si Dieu le laissait tranquille. Cet homme était persuadé que Dieu voulait qu'il souffrît. Sans doute pensait-il que mieux que le Créateur il aurait su diriger l'univers. Il me dit : « Je hais Dieu pour tous les échecs, les ennuis et les tragédies qu'il m'a infligés. »

Je lui expliquai que Dieu n'a rien à voir avec les misères, les souffrances et les tragédies de la vie. L'homme souffre de maladie, connaît la douleur ou l'échec à cause de son propre penser négatif et destructeur. L'homme se punit lui-même par les lois naturelles de cause et d'effet. La punition cesse lorsque l'homme cesse d'être malfaisant. J'expliquai aussi à mon consultant qu'il est blasphématoire de dire que Dieu inflige aux hommes la maladie et la souffrance. Tout au contraire, il faut le souligner, c'est l'homme qui se les attire par son penser négatif et par ignorance des lois de son propre esprit.

Il ne doit donc pas rendre Dieu responsable des erreurs qu'il commet par ignorance et par inexpérience. Les pouvoirs et les forces de la nature ne sont jamais mauvais; ils sont neutres. Le vent, qui fait échouer les navires, les mènera aussi au port. L'électricité n'est pas mauvaise, mais il faut que l'homme s'en serve convenablement, faute de quoi il peut s'électrocuter ou blesser les autres.

L'esprit subconscient de l'homme n'est point mauvais, mais s'il pense le mal, le mal lui adviendra; s'il pense le bien, le bien s'ensuivra. Il faut que l'homme choisisse les semences (les pensées) qu'il sème dans le jardin de son esprit, car les semences (ses pensées) poussent conformément à leur nature. Les idées contenues dans ce chapitre seront d'un bénéfice sans prix pour celui qui les lira afin de les mettre en pratique.

Rien n'est bon ni mauvais

Shakespeare dit quelque part : « Rien n'est bon ni mauvais, si ce n'est ce qu'en fait la pensée. » Le problème qui se présente à vous en ce moment vous donne une merveilleuse occasion de le surmonter. Sans problème, sans difficultés, vous n'avanceriez pas. Un problème n'est pas une chose mauvaise en soi; tout dépend de la manière dont nous y pensons. Comprenez que votre difficulté, votre problème, est précisément une merveilleuse occasion de vous surpasser.

Il était amer et plein de ressentiment

M. Jones, presque sourd et aveugle, était depuis des années amer et plein de ressentiment; « Pourquoi Dieu m'a-t-il fait cela ? » gémissait-il. Il avait un sentiment d'infériorité et d'insécurité; ses infirmités l'irritaient beaucoup. Ne voulant pas que ses amis découvrissent qu'il perdait peu à peu l'ouïe et la vue, il était tout désemparé quand ils lui disaient : « Je vous ai rencontré hier au cercle, mais vous ne m'avez pas parlé. » Il se trouvait des excuses tandis que s'intensifiaient sa colère et son ressentiment.

Suivant les conseils qui lui furent prodigués, M. Jones fit une liste de ses bénédictions. Il rendit grâce pour son épouse ravissante et dévouée, pour ses trois filles très brillantes, pour son très beau foyer, pour d'excellents amis et pour des voisins pleins de bonté. Il s'abstint de blâmer Dieu pour ses misères et reconnut qu'il y avait certaines personnes qu'il ne souhaitait ni voir ni entendre, particulièrement dans sa famille. Il surmonta cette aversion en les bénissant et en les libérant mentalement; sa prière constante fut la suivante :

« Ma vision est spirituelle, éternelle, c'est une qualité de mon esprit. Mes yeux sont des idées divines qui fonctionnent toujours parfaitement. Ma perception de la vérité est spirituelle, claire et puissante. La lumière de la compréhension se lève en moi, je vois mentalement, je vois physiquement. Je vois partout des images de vérité et de beauté. En ce moment même, l'infinie présence curative de Dieu reconstruit mes yeux. Ce sont des instruments divins, parfaits, qui me permettent de recevoir des messages du monde intérieur et du monde extérieur. La lumière de Dieu est révélée dans mes yeux et dans mes oreilles.

J'entends la vérité, j'aime la vérité, je connais la vérité. Mes oreilles sont des idées parfaites de Dieu, qui fonctionnent toujours parfaitement. Mes oreilles sont les instruments parfaits qui me révèlent l'harmonie de Dieu. L'amour, la beauté et l'harmonie de Dieu coulent à travers mes yeux et mes oreilles, je suis à l'unisson de l'infini. J'entends en moi la douce voix tranquille de Dieu. Sa présence curative vivifie mon ouïe, mes oreilles sont ouvertes et libres. »

Au bout d'un mois, M. Jones obtint un grand changement de sa personnalité et sa vue et son ouïe furent remarquablement améliorées. En fait, il parvint à voir et à entendre presque normalement. Il avait surmonté son problème. Il avait transmué en bien ce qu'il avait auparavant appelé mauvais, et il est à présent heureux, joyeux et libre.

La volonté de Dieu et la vôtre

Longfellow a dit : « Vouloir ce que Dieu veut est la seule science qui nous mette en repos. » La volonté de Dieu est que nous soyons tous bien portants, heureux et joyeux et que notre vie soit remplie de merveilleuses expériences; que, de plus en plus, nous exprimions la sagesse, la vérité et la beauté, jusqu'à ce que nous devenions celui ou celle que Dieu avait en vue en nous créant — heureux, joyeux et libre, éclairé et inspiré, parcourant la terre avec, aux lèvres, la louange constante de Dieu.

C'est par une erreur tragique que trop de personnes imaginent que la volonté de Dieu est nécessairement contraire et peu plaisante. La raison de cet étrange et faux concept provient de ce que ces personnes considèrent Dieu comme un maître très sévère ou comme un tyran capricieux qui, quelque part dans les cieux, distribue des punitions à ses enfants désobéissants.

La merveilleuse vérité, c'est que la volonté de Dieu pour nous est une plus grande paix, une merveilleuse expression de nous-même, la sagesse, la santé, la prospérité, du mieux-être en toutes choses et une plus grande aptitude à servir les autres. Bref, la volonté de Dieu pour nous, c'est la vie plus abondante ! Si la volonté de Dieu pour nous était la maladie, tous les médecins, les psychologues, les infirmières, les pasteurs, les prêtres, les rabbins travailleraient à l'encontre de cette volonté — ce qui, bien entendu, est la quintessence de l'absurdité.

Si l'homme est malade, frustré, solitaire, ennuyé, appauvri, s'il ne trouve pas sa place, il peut être certain qu'il n'exprime point la volonté de Dieu. Et tant qu'il ne l'exprimera pas, il y aura dans sa vie discorde et perturbation. Mais celui qui s'unit à Dieu et exprime sa volonté voit entrer dans sa vie l'harmonie, la paix, la vitalité et la prospérité.

La volonté — ou la tendance — de Dieu

La volonté de Dieu, comme l'a dit si éloquemment le juge Thomas Troward, auteur des « Edinburgh Lectures »[18] et d'autres ouvrages d'ontologie, est la tendance de Dieu, et puisque Dieu est vie, il ne peut rien souhaiter qui soit à son détriment. La vie se veut amour, joie, paix et beauté et sa tendance est d'exprimer sa propre nature, qui est éternellement la même. La volonté de Dieu est la nature de Dieu, et Dieu est amour, par conséquent Dieu est incapable de souhaiter pour vous quoi que ce soit de contraire à l'amour. Dieu est paix absolue, il ne peut donc souhaiter pour vous la discorde, le chaos ou la perturbation. Dieu est vie : la vie ne peut vouloir la mort. Ce serait une contradiction de sa nature même. Dieu est joie absolue et ne peut donc vouloir la douleur ni le chagrin. Dieu est harmonie absolue et sans bornes; il ne peut vouloir la maladie. Dieu est richesse infinie de toutes sortes; il ne peut vouloir la pauvreté, le penser serait nier son abondance. La volonté de Dieu pour vous est quelque chose qui transcende vos rêves les plus beaux. Il est donc faux de dire : « Je suis pauvre, je suis faible, je suis malade, je suis fatigué », car vous vous attirez ces états par vos déclarations négatives et destructrices qui, imprimées dans votre subconscient, vont devenir les événements et les conditions de votre vie.

Votre pouvoir de choisir

Vous êtes ici pour croître, pour vous élargir, vous épanouir et si, à votre naissance, toutes vos facultés étaient développées, vous ne feriez jamais vos preuves. Si, par exemple, vous étiez contraint d'aimer votre femme (ou votre mari) vous n'auriez pas de libre arbitre. Voilà pourquoi vous dites : « Je la choisis pour épouse entre toutes les femmes dans le monde. » Vous n'êtes pas un automate, vous êtes libre de donner ou de retenir l'amour. Par votre capacité de raisonner vous avez celle de choisir, de sélectionner et de parvenir à une décision.

Au début, l'homme considère ce monde à trois dimensions et il est gouverné par les apparences et les conditions jusqu'à ce qu'il comprenne qu'au moyen de ses pensées et de ses sentiments il peut maîtriser et diriger sa vie. Peu à peu, il s'éveille à la vérité qui lui révèle que les circonstances et les événements sont des effets et non des causes. Toutes conditions extérieures sont sujettes au changement. En changeant son état d'esprit, l'homme change son corps, son entourage et les conditions de sa vie.

[18] Traduit en français sous le titre *Introduction à la vie de l'esprit*. N.T.

La signification de la volonté

Pour définir la volonté, le dictionnaire dit qu'elle est choix, intention, inclination, détermination et tendance; afin de la rendre omnipotente, animez-la par l'enthousiasme et le sentiment jusqu'à ce qu'elle s'incarne dans le subconscient. Quand l'homme apprendra à choisir avec sagesse, il choisira le bonheur, la paix, la sécurité, la joie, la santé, l'abondance et toutes les bénédictions de la vie. Il intronisera dans son esprit les valeurs spirituelles et les vérités de Dieu et s'en occupera jusqu'à ce qu'elles fassent partie de sa conscience d'être, tout comme le fruit qu'il mange entre dans la composition de son sang. Choisissez la bénédiction divine, l'action juste, l'ordre divin et le divin succès de votre vie. Ce qui est vrai au sujet de Dieu est vrai à votre sujet. Dieu réussit toujours, qu'il crée une étoile, une planète, un arbre ou le cosmos. Vous êtes donc né pour réussir, parce que l'infini ne peut faillir.

L'homme dont l'esprit est terrestre, qui est victime de l'entendement racial, choisit inconsciemment la maladie, le malheur, la pénurie et les limitations de toutes sortes. Il ne comprend pas que les pensées sont des choses vivantes et que ce qu'il imagine, il le devient, que ce qu'il sent, il se l'attire. Celui qui ne pense pas par lui-même copie ses pensées sur ce que disent les journaux, des voisins, etc. Sa vie en est gâchée. « *Choisissez aujourd'hui qui vous servirez* » (Josué 24 : 15).

Laissez se faire la volonté de Dieu

Ayez conscience de ce que la volonté de Dieu s'exprime à chaque instant à travers vous. Prenez l'habitude d'affirmer que la volonté de Dieu s'exprime dans tous les aspects de votre vie, en vous assurant d'abord, bien entendu, que vous savez ce qu'il faut entendre par ces mots : « que la volonté de Dieu soit faite ».

Dieu est amour sans bornes, béatitude absolue, beauté indescriptible, intelligence infinie, harmonie parfaite, omnipotence suprême et paix absolue. Dans cet absolu il n'y a ni divisions ni querelles. Dieu est infiniment bon, parfait et il n'est l'antenne que du bien parfait. Priez donc ainsi : « La volonté de Dieu se manifeste dans ma vie en tant qu'harmonie, santé parfaite, bonheur, paix, joie, abondance, amour, expression divine parfaite. Ceci est merveilleux. »

Si vous méditez régulièrement cette prière, votre environnement et les conditions dans lesquelles vous vivez se transformeront à la ressemblance de ce que vous contemplerez. Alors, quand vous direz : « La volonté de Dieu agit dans ma vie », votre affirmation aura une signification magnifique, une signification pleine de pierres précieuses « spirituelles ». Si vous dites : « Le plan de Dieu se manifeste dans ma vie », ce que vous énoncez a une merveilleuse signification. Le plan de Dieu, c'est sa volonté, et son plan ne peut être que celui de la beauté, de l'ordre, de la symétrie, de l'amour, de la santé et de tout ce qui est bien et bon. Pour vous, ce plan de Dieu ne peut être autre que celui par lequel vous exprimerez Dieu davantage, avançant toujours en vous élevant vers lui.

« *Qu'il te soit fait selon ta foi* »

Lorsque vous comprenez bien la signification spirituelle de ces paroles : « Que la volonté de Dieu soit faite », le dire et le redire constitue une merveilleuse prière. Il faut également y voir une superbe stratégie spirituelle car, si vous imprimez dans votre esprit l'idée bien définie que Dieu agit dans vos affaires, cette croyance constructive va gouverner votre vie et vous faire agir, vous obligeant à vous exprimer selon votre conviction. Car votre conviction dominante dicte, gouverne et maîtrise toute votre vie. C'est une chose merveilleuse de savoir que, comme le dit Troward, « l'homme est l'expression de ses croyances ». Quand vous sentez que la lumière et l'amour de Dieu vous guident et vous gouvernent dans toutes vos voies, vous êtes automatiquement protégé contre les erreurs de jugement, les décisions inconsidérées et vous ne perdez pas votre temps en des efforts illusoires.

Si Dieu veut que je l'aie

J'ai fréquemment entendu dire : « Je veux ceci, si Dieu veut que je l'aie. » Si vous prenez conscience de ce que Dieu est la présence divine, la vie en vous, cette présence étant intelligence infinie, toute-puissante, et amour sans bornes, pourquoi imaginer que Dieu ne veuille pas que vous ayez ce que vous voulez, que ce soit la santé, la paix, la joie, votre vraie place, l'abondance, une nouvelle maison, un bon mariage, et que sais-je encore ? Beaucoup de personnes se servent d'une autre expression superstitieuse : « Peut-être que cela n'est pas bon pour moi. » Ces gens-là vivent dans un monde de dualité, un monde que gouvernent deux pouvoirs. Ils ont Dieu et le diable, en ce sens qu'ils ont un esprit à double face. Raisonnons un peu : Est-ce qu'il n'est pas bon que vous ayez le bonheur ? Dieu vous veut heureux, convenez-en. Si vous priez pour savoir bien agir, pourquoi vous mettez-vous à penser échec et faillite ? Il n'y a au monde qu'un unique principe de l'action juste, il n'y a point de principe d'échec. Il y a un principe de joie, mais point de principe de tristesse. Il y a un principe d'amour, mais pas de principe de haine. Il y a un principe de vérité, il n'y a pas de principe d'erreur. Il y a un principe d'harmonie, mais il n'y a pas de principe de discorde.

Voudriez-vous d'un Dieu qui ne voudrait pas que vous soyez joyeux, libre, radieux et éclairé ? Vous êtes ici pour reproduire toutes les qualités, tous les attributs, tous les pouvoirs et tous les aspects de Dieu et pour avancer de gloire en gloire.

Les richesses infinies de Dieu sont vôtres

Si vous avez le désir d'être bien portant, de vous exprimer parfaitement, d'avoir plus de sagesse, plus de compréhension spirituelle, ou plus de richesse et de possibilité de faire ce que vous souhaitez, ne doutez pas que Dieu le veuille. Si vous pensez que Dieu veut que vous soyez malade ou qu'il vous éprouve étrangement ou encore si vous pensez que Dieu peut créer la maladie, un tel Dieu n'est pas digne de votre considération et de votre vénération; cette croyance n'est qu'un concept faux et superstitieux. Dieu veut que vous soyez prospère et bien portant. Beaucoup de personnes, à cause de fausses croyances théologiques implantées dans leur subconscient lorsqu'elles étaient jeunes et impressionnables, croient qu'il est vertueux d'être pauvre et limité. Il faut que vous éliminiez ces fausses croyances de votre subconscient et que vous compreniez que les richesses infinies de Dieu vous entourent. Vous ne pouvez faire le compte des grains de sable sur la plage ni des étoiles dans le ciel. Avez-vous jamais essayé de compter les fleurs qui bordent les routes où vous passez ? Partout votre regard rencontre la profusion des richesses de Dieu.

Les idées de Dieu sont infinies et vous pouvez dès à présent en recevoir une qui donne du travail à un million d'hommes. Les idées représentent la richesse. Une création est d'abord une idée, qu'il s'agisse d'un livre, d'une entreprise commerciale, d'un projet immobilier. Aujourd'hui les hommes prouvent qu'ils peuvent faire pleuvoir sur le désert. La nature est infiniment prodigue, mais l'homme, dans sa cupidité, crée une pénurie artificielle. Pourtant il n'y a point de manque dans la sagesse de Dieu et les idées créatrices ne font pas défaut dans l'esprit de l'homme, s'il consent à être ouvert et réceptif au divin influx, toujours prêt et accessible.

Votre source de richesses

Croyez que votre abondance vient de Dieu et qu'il comble tous vos besoins à chaque instant, à chaque point de l'espace. Le monde extérieur, les conditions économiques, les fluctuations de la Bourse, l'inflation ou la déflation, les opinions des hommes, tout cela ne peut vous toucher lorsque votre conscience d'être est élevée — élevée jusqu'à cette dimension de connaissance spirituelle où vous êtes convaincu que votre abondance vous vient véritablement, littéralement, de Dieu. Les moyens par lesquels vous recevez votre richesse n'en sont point la source et vous ne devez pas vous y méprendre. Vous devez vous sentir entièrement libre économiquement et prospère dans toutes vos voies.

Votre désir vient de Dieu

Vous ne glorifiez pas Dieu quand vous êtes malade, déprimé, nerveux, malheureux ou pauvre. Vous êtes ici pour dramatiser et pour exprimer dans votre vie ce qui est vrai au sujet de Dieu. Croire en un Dieu d'amour, c'est exprimer l'amour, et croire en un Dieu d'abondance, c'est exprimer une abondante vie.

Si vous avez le désir d'écrire une pièce de théâtre, une nouvelle, ou de construire une maison, ne serait-il pas insensé de penser que Dieu ne le veut pas ? Dieu est en vous et votre désir de vous exprimer vient de Dieu. Pour écrire et pour construire Dieu vous a donné un cerveau, des mains. Il vous a donné aussi l'impulsion de vous exprimer, de vous accomplir et aussi l'intelligence et les aptitudes pour y parvenir.

Votre volonté devient la volonté de Dieu

Il serait absurde de prétendre : « Si Dieu veut que j'écrive une pièce de théâtre, il me le dira. » Il faut que votre désir, que votre idée soit appropriée par votre conscience, ressentie comme vraie et, lorsqu'elle sera acceptée subconsciemment, le subconscient la manifestera. Votre désir conscient aura passé du souhait à la conviction subconsciente. La loi du subconscient étant coercitive, la volonté du subconscient s'accomplit donc. Nos convictions et nos croyances subconscientes dictent et dirigent toutes nos actions conscientes. Le subconscient est la puissance qui règne sur le monde.

Sa volonté consciente et subconsciente

Il y a quelque temps un homme vint me consulter, me disant qu'il était alcoolique et que, s'il buvait une goutte d'alcool, il était forcé de continuer à boire jusqu'à tomber inanimé. Ce qui signifie qu'il avait perdu tout contrôle de lui-même et qu'il était contraint de boire en vertu de la loi de son subconscient. Son histoire était classique : sa femme avait divorcé, invoquant son infidélité. Parce qu'elle refusait de le reprendre, il lui en voulut jusqu'à la haine. Pour soulager son chagrin il se mit alors à boire, comme il aurait pris un cachet d'aspirine pour calmer une migraine. En répétant à maintes et maintes reprises ce geste, il rejetait chaque fois la puissance de Dieu en lui et suggérait à son esprit subconscient la faiblesse et l'infériorité.

Les habitudes sont prises par la répétition de certains prototypes de pensées ou d'action, jusqu'à ce qu'elles soient établies dans le subconscient. Cet homme avait si bien fait qu'il avait logé dans son subconscient un barman qui lui répétait constamment : « Vous avez besoin d'un verre ! » Quand il en buvait, il perdait tout contrôle. Son désir, sa volonté consciente étaient de ne pas boire, mais il était dominé par son subconscient qui lui disait « Il faut boire ».

Il inversa son prototype mental

Cet homme inversa son prototype mental et se libéra par la même loi qui avait fait de lui un alcoolique contraint de boire. Régulièrement et systématiquement il contempla la libération et la paix de l'esprit, déclarant que nourriture et boisson étaient les idées de Dieu, qui sans cesse se déroulaient en son esprit, lui apportant l'harmonie, la santé et la paix. Plusieurs fois par jour il présentait à son esprit le film de sa libération, de sa joie, de son bonheur. Il se voyait tel qu'il se voulait, faisant ce qu'il souhaitait, et il entendait un ami le féliciter de sa sobriété. Chaque fois qu'il était tenté de boire, il repassait en esprit son film, sachant que la toute-puissance de Dieu coule à travers ce film mental et que, par un processus mental et une osmose spirituelle, l'image mentale s'enfonçait dans son subconscient, chambre noire de son esprit, où elle se développait.

Sur le subconscient les impressions sont faites par la répétition, la foi et l'expectative. Tandis que cet homme continuait d'imaginer fidèlement sa libération et la paix de son esprit, l'aurore se levait pour lui, chassant les ombres. Sa volonté consciente (le désir d'être complètement libéré de son habitude néfaste) devint une volonté subconsciente (sa conviction profonde s'établit dans sa subconscience) et, puisque la loi du subconscient est coercitive, il fut contraint d'exprimer sa libération. La loi qui l'avait tenu en esclavage fut celle-là même qui l'affranchit, lui permettant d'entrer dans la glorieuse liberté des enfants de Dieu.

La joie de la prière exaucée

« *Que ta volonté soit faite sur la terre comme au ciel* » est une merveilleuse prière, vous le comprenez bien à présent. Le *ciel,* c'est votre propre esprit, votre conscience d'être spirituelle. Ce que vous sentez vrai dans les cieux de votre propre esprit, vous allez en faire l'expérience sur terre, c'est-à-dire sur le plan objectif (dans votre corps, dans votre univers, votre entourage, vos circonstances). Votre *volonté,* c'est votre aptitude à définir vos objectifs, à choisir votre but, votre idéal, votre plan.

Vivez mentalement avec ce plan en l'aimant, en lui donnant votre attention soutenue. Finalement il prendra corps en vous et votre désert deviendra votre paradis, *votre volonté sera devenue la volonté de Dieu,* c'est-à-dire la joie de la prière exaucée. Cela est merveilleux !

En avant vers la vie triomphante

1. Dieu n'envoie point de maladie ni de souffrance; nous nous les attirons nous-mêmes par notre penser négatif.

2. Les pouvoirs et les forces de la nature ne sont pas mauvais, tout dépend de la manière dont nous nous en servons.

3. « Rien n'est bon ni mauvais, sinon ce qu'en fait la pensée. » Votre problème n'est pas en soi une mauvaise chose, mais l'occasion d'avoir quelque chose à surmonter.

4. Faites le compte de vos bénédictions, bénissez l'organe malade et vous serez stupéfait des merveilles qui apparaîtront dans votre vie.

5. Vouloir ce que Dieu veut est la seule science qui nous mette en repos.

6. La volonté de Dieu est que vous ayez une vie pleine, heureuse et joyeuse, que vous fassiez l'expérience de la vie abondante dont parla Jésus.

7. C'est une erreur tragique de penser que pour vous la volonté de Dieu est quelque chose de fâcheux ou de pénible.

8. Malade ou déprimé, vous êtes contraire à la volonté de Dieu.

9. La volonté de Dieu est sa tendance; Dieu étant vie ne peut souhaiter ce qui serait à son détriment.

10. La volonté de Dieu est la nature de Dieu, et Dieu est amour. L'amour ne peut souhaiter ce qui est contraire à l'amour.

11. Vous êtes ici pour reproduire les qualités, les pouvoirs et les aspects de Dieu.

12. Vos pensées, votre imagerie mentale, vos prototypes mentaux forment et modèlent votre vie.

13. Vous avez le pouvoir de choisir. Choisissez la santé, le bonheur, la paix, la direction divine et l'action juste.

14. Dire : « *Que la volonté de Dieu soit faite* », c'est se servir d'une magnifique stratégie spirituelle, particulièrement lorsque vous comprenez la signification spirituelle de ces paroles.

15. Dire : « Dieu ne veut pas que j'aie telle ou telle chose » n'est que superstition. Dieu veut que vous soyez heureux. Il s'est donné à vous et vous a donné le monde entier.

16. Dieu vous veut prospère, en pleine réussite. La nature est prodigue à l'extrême. Partout vous voyez la profusion de la richesse de Dieu.

17. Les moyens par lesquels vous recevrez votre abondance ne sont pas la source de celle-ci, vous ne devez pas confondre le moyen et l'éternelle source, qui est Dieu.

18. Votre désir de croître, de progresser, de vous épanouir vous vient de Dieu. Acceptez-le et l'Intelligence infinie le manifestera.

19. Votre volonté (votre désir, votre choix, votre plan, votre dessein) devient celle de Dieu (la conviction dans votre esprit subconscient) quand vous sentez la réalité de votre désir exaucé. Votre désir conscient passe alors du souhait à la conviction subconsciente.

20. La loi qui vous tient en esclavage ou dans quelque limitation est celle-là même qui vous libérera, à mesure que vous entretiendrez des concepts de libération, de paix, de joie et de bonheur. Ce que, dans votre esprit, vous sentez être vrai (le ciel), vous en ferez l'expérience sur terre (le monde objectif).

21. En vivant avec elle mentalement, en la bénissant et en lui accordant votre attention, que votre volonté (votre choix, votre décision consciente) devienne la volonté de Dieu (la conviction subconsciente) ; vous connaîtrez la joie de la prière exaucée.

CHAPITRE XV

Non pas résigné, mais réconcilié

Alors qu'au printemps de 1963 je faisais une série de conférences à Tokyo, une jeune femme vint me voir à l'Imperial Hotel et me dit : « Je crois que vous pouvez m'aider. Mon père, qui est alcoolique, me viola quand j'avais dix ans et, depuis, j'ai des crises nerveuses plusieurs fois par semaine. Le médecin que j'ai consulté à l'Université dit que ce sont des crises d'épilepsie et que les médicaments ne peuvent m'apporter qu'un soulagement momentané. » Elle précisa qu'elle avait pardonné à son père et qu'ils étaient en bons termes. Elle lui rendait visite chaque semaine et dînait chez lui avec ses sœurs.

Mais, à la façon dont elle s'exprimait, je sentis qu'il y avait encore un grand ressentiment dans sa subconscience et qu'en réalité elle n'avait pas pardonné à son père. Je lui expliquai que sans ce pardon elle continuerait à être souffrante. Il fallait se montrer sensée et le comprendre, pardonner et n'y plus penser.

Tant qu'elle continuerait à condamner silencieusement son père et tant qu'elle ne parviendrait pas au pardon — à libérer son père du mal qu'il lui avait fait — elle ne serait jamais en paix. Je lui expliquai que la réconciliation, la restauration complète d'une véritable amitié, d'une véritable harmonie entre eux s'ensuivrait si, chaque matin et en s'endormant le soir, elle consentait à prier ainsi à haute voix :

« De tout mon cœur, sincèrement et avec amour, je désire que la paix de Dieu remplisse l'âme de mon père. Je souhaite qu'il soit inspiré et béni dans toutes ses voies. Je me réjouis de ce que l'amour de Dieu coule à travers ses pensées, ses paroles et ses actes. Je lui souhaite sincèrement la santé, le bonheur et toutes les bénédictions de la vie. Je lui pardonne entièrement, je le fais consciemment et subconsciemment. A présent, il est libre et je suis libre. Chaque fois que je pense à mon père, j'affirme silencieusement : « Que Dieu soit avec lui ». Je le pense sincèrement et mon esprit

subconscient, qui est une machine à enregistrer, enregistre la vérité que j'affirme. Je me suis pardonné d'avoir entretenu pendant tant d'années des pensées de haine et je suis bien résolue à n'en plus avoir. Mon père est pardonné parce que je me suis pardonné à moi-même ! »
Cet admirable professeur japonais m'écrivit quelques mois plus tard pour m'annoncer qu'elle n'avait plus jamais souffert de crises épileptiques.

Les opposés

Emerson a dit : « Dans toute la nature nous rencontrons la polarité, c'est-à-dire l'action et la réaction. » Nous savons tous que nos pensées nous viennent par paires; lorsque vous pensez à l'abondance, à la richesse, des pensées de pauvreté vous viennent à l'esprit; de même, lorsque vous pensez à la santé, la pensée du contraire fait son apparition. Enumérons quelques-uns de ces opposés : la matière et l'esprit, le négatif et le positif, l'obscurité et la lumière, le bien et le mal, la maladie et la santé, le plaisir et la douleur, le chagrin et le bonheur, le flux et le reflux, le mâle et la femelle, l'entrée et la sortie, le subjectif et l'objectif, la crainte et l'amour, la chaleur et le froid, le repos et le mouvement, le oui et le non.
Les opposés sont les expressions du cosmos. Ce sont les doubles expressions du même principe. Nous sommes ici pour réconcilier les opposés et pour apporter à notre monde l'harmonie, la santé et la paix. Lorsqu'il fait froid, vous faites du feu; lorsque vous avez faim, vous cherchez de la nourriture, et si vous êtes malade vous vous identifiez à la Présence curative qui vous rétablit dans la santé parfaite.
Quand la peur vous saisit, il faut vous unir mentalement à la source, Dieu, qui est amour. Vous pourrez lire le Psaume 27 lentement, paisiblement, avec amour; en agissant ainsi, vous irez mentalement à l'opposé de la peur, qui est la foi en Dieu. La peur est une négation de la puissance de Dieu et de sa bonté. La peur c'est, en fait, la foi inversée. La peur est une ombre dans l'esprit et chacun sait qu'une ombre n'a point de puissance. « *L'amour parfait chasse la crainte.* » Eprenez-vous du bien, attachez-vous émotionnellement aux grandes vérités de Dieu, vous verrez toutes les craintes disparaître.

Comment réconcilier les opposés

Si vous êtes craintif, vous pouvez être assuré qu'il y a en vous le désir de ce qui est opposé à ce que vous craignez. Mettez votre attention sur cette chose que vous désirez et vous commencerez à réconcilier les opposés. Le désir est l'ange de Dieu, le messager de Dieu qui dit à chacun de vous : « Monte plus haut ! » Le désir est derrière tout progrès. Laissez votre désir vous captiver et retenir votre attention. Vous allez dans la direction de l'idée qui domine votre esprit. Plus vous attendez le bénéfice de votre désir, plus fort est celui-ci.

Sa voix se brisait

Je voudrais vous parler d'un chanteur qui ne put obtenir un contrat parce que, par trois fois au cours d'une audition, sa voix s'était brisée. La peur était son ennemie, mais il découvrit qu'il pouvait, par la prière, parvenir à son opposé, dans la foi et la confiance. Deux ou trois fois par jour, il calmait les rouages de son esprit et il imaginait qu'il chantait devant un microphone. Il voyait un auditoire imaginaire. « J'agis comme si j'étais, et je serai. » Suivant cette règle il commença à éprouver la joie et l'enthousiasme de l'accomplissement. A intervalles réguliers, il continua son travail spirituel jusqu'à ce qu'il obtînt la réaction recherchée. Il avait réussi à implanter son désir dans son subconscient et il en ressentait paix et satisfaction. Il avait aimé son désir au point de l'accepter et s'était prouvé à lui-même que « l'amour parfait chasse toute crainte ».

L'amour, cet attachement émotionnel, vous rend loyal et dévoué à votre idéal. C'est alors que la crainte, la pensée négative, meurt et que l'idéal se manifeste. Aujourd'hui cet homme connaît un plein succès parce que, dans sa vie, il a appris à réconcilier les opposés et à mettre la paix à la place de la discorde. En vous unissant à lui, en l'aimant, donnez-vous tout entier à votre désir, soyez-lui loyal mentalement et émotionnellement.

Une grêle de balles

Un soldat me raconta qu'au cours de la dernière guerre mondiale il s'était trouvé coupé de son bataillon, sous une grêle de balles. Ses genoux en tremblaient... Il récita le Psaume 23 et une vague de paix l'envahit. Il trouva moyen de se mettre à l'abri. Ce soldat avait compris que s'il n'arrivait pas à vaincre sa terreur il resterait cloué sur place et serait certainement tué. Il permit au pendule de son esprit d'osciller vers le pôle opposé à sa pensée, c'est-à-dire vers la foi en Dieu, son berger, celui qui protège de tout danger.

Demander et recevoir

« *Demandez, et il vous sera donné...* » (Matthieu 7 : 7)
En langage biblique, demander c'est revendiquer votre bien; votre esprit subconscient honorera et validera alors votre demande. Considérez Dieu comme un père aimant, un père plein de bonté, qui veille sur vous, vous aime, vous guide et pourvoit à votre bien-être. En faisant de ceci une habitude, vous verrez que vous serez toujours prospère et bien dirigé, vous vous trouverez à votre vraie place, faisant ce que vous aimez faire, divinement heureux et béni d'innombrables façons. Dieu est pour vous ce que vous concevez qu'il est.

Les croyances sont nos maîtres

Tant qu'un homme croit que Dieu le punit, l'éprouve ou qu'il règne sur lui avec une main de fer, ou bien qu'il est une sorte de tyran jaloux, cruel ou capricieux, il sera perturbé, désaxé, perplexe et en conflit mental. De telles pensées discordantes ne peuvent qu'engendrer la discorde et la misère. L'homme est ce qu'il pense toute la journée.
Jésus déclare catégoriquement, définitivement, sans aucune équivoque, que Dieu est notre Père et que nous sommes ses enfants. Vos rapports avec Dieu doivent donc être des rapports pleins d'amour, ceux d'un père et de son enfant. Dans tout le cours de votre vie, ne considérez plus jamais Dieu comme un Dieu de colère, un Dieu de vengeance sans discrimination. A l'individu qui entretient une telle croyance, un tel concept ne peut qu'apporter la misère et la souffrance. Nos croyances sont nos maîtres et elles tendent à se manifester dans notre vie. « *A celui qui croit, tout est possible* » (Marc 9 : 23).
Croyez seulement ce qui est vrai au sujet de Dieu, n'acceptez que ce qui est bon. Croyez à la bonté de Dieu, fiez-vous à son amour, à sa direction, à son harmonie, croyez en la sagesse du Tout-Puissant. Croyez en la joie de Dieu et en son abondance. Croyez et attendez-vous aux bénédictions du ciel : ici même et maintenant Dieu vous aime et il prend soin de vous. Dieu vous veut heureux, joyeux et libre. Vous êtes ici pour exprimer la joie de vivre, pour exprimer votre divinité afin que le monde soit béni par votre présence.

L'homme est la voie de Dieu

« *J'ai dit, vous êtes des dieux et vous êtes tous les enfants du Très-Haut.* » (Psaume 82 : 6).

Il est de toute évidence que l'enfant doit être de la nature et de l'espèce de son père. « *Moi et mon père nous sommes un* » (Jean 10 : 30). Ceci signifie que mentalement, spirituellement et physiquement vous ne faites qu'un avec Dieu. L'infinité est en vous, par conséquent il n'y a pas de fin à la gloire qu'est l'homme. Vous êtes capable de croissance, de développement spirituel infini. La route vers Dieu est toujours ascendante.
Votre prière la plus puissante, c'est chaque matin pendant cinq à dix minutes de tranquilliser les rouages de votre esprit et de sentir que vous êtes la voie où Dieu coule en tant qu'harmonie, santé, paix, joie, intégrité, beauté, amour, amitié, sincérité, sécurité et expression parfaite. En priant ainsi, humblement et pieusement, vous élargirez votre conscience spirituelle jusqu'à transcender vos rêves les plus hauts.

J'y suis résigné

Votre glorieuse destinée est d'être uni à Dieu et de faire ainsi l'expérience de la puissance, de la sagesse, de la force et de l'illumination. Cessez d'être un esclave, un serf, une manière de «paillasson». Ne dites jamais : « Je me suis résigné à mon destin. » — « Il faut bien que je supporte ceci ou cela. » — « Cette maladie est la volonté de Dieu, il faut que je la supporte. » — « Je suis incurable. » — « Ceci est sans espoir. » Si vous vous laissez aller à de pareilles déclarations, si vous avez l'attitude mentale qui vous fait penser que vous êtes ici pour souffrir et que Dieu vous punit de vos péchés, vous vous placez vous-même en esclavage, vous vous réduisez à l'asservissement, et vous dégradez votre destinée divine en tant que fils du Dieu vivant, qui est sur terre pour jouir de l'héritage de son père. Vos propres pensées et vos sentiments créent votre destinée.

La résignation est une superstition

Il ne doit jamais y avoir calme acceptation d'un malheur, d'une maladie, d'un manque sans qu'il y ait en même temps prise de conscience que, par la puissance de Dieu, vous pouvez vous élever au-dessus de toute souffrance. A tous les points de vue, il est absolument mauvais que vous demeuriez sous quelque forme de sujétion que ce soit, physique, mentale ou matérielle. Il n'y a absolument aucune vertu dans la résignation ni dans le fait d'être satisfait de votre sort. Vous résigner à la maladie ou à la pauvreté est un *péché* — c'est un péché que de ne pas manifester la santé parfaite et l'abondance. La résignation est un mélange d'ignorance, de peur, de

superstition et d'indolence. Refusez d'accepter la maladie, la discorde, la pauvreté, la solitude ou le malheur.
Vous êtes ici pour permettre à la lumière de Dieu de briller dans votre esprit, votre corps et dans votre entourage. C'est ainsi seulement que vous glorifiez Dieu ici et maintenant. Dieu réussit toujours toutes ses entreprises, et ce qui est vrai à son sujet l'est au vôtre, parce que vous êtes son enfant et que vous êtes donc héritier de toutes ses richesses. Votre amour pour Dieu vous donne la tâche sacrée de refuser, positivement et définitivement, tout ce qui n'est pas paix de l'esprit, expression parfaite, abondance et sécurité. Jusqu'à ce que vienne votre réponse, continuez donc à demander et à frapper.

« ... *Frappez et l'on vous ouvrira* » (Matthieu 7 : 7)

Lorsque, dans votre esprit conscient, vous parviendrez à une décision nette et bien définie, vous obtiendrez une réponse de votre esprit profond, qui est plein de sagesse et de puissance. Parce que vous croyez implicitement aux promesses de Dieu, vous refusez d'accepter un « non » en guise de réponse : « *Demandez et vous recevrez...* » (Matthieu 7 : 7). Sans vous lasser, continuez à revendiquer votre bien, jusqu'à ce que votre prière soit exaucée.

Résoudre la querelle

Si vous n'êtes pas à votre place, si vous êtes déprimé et dans le besoin, vous pouvez immédiatement réagir. Prenez la résolution d'irradier l'amour, la paix et la bonne volonté sur tous et exaltez en vous-même la puissance de Dieu. Votre désir murmure en vous, mais voici que se font aussi entendre le doute et la crainte. Afin de rétablir la paix dans votre esprit, il faut vous déterminer à résoudre cette querelle. Les croyances qui nous furent imposées dans notre jeunesse, lors de notre formation religieuse, empêchent et contrarient notre foi en Dieu et en toutes choses bonnes, et nous nous apercevons que notre esprit est un champ de bataille.
Comme nous l'avons déjà dit, notre désir nous vient de Dieu et il possède sa propre mathématique et son mécanisme propre. Les conditions, les circonstances, l'entourage, tout cela n'est pas causal — ce sont des effets, et ils sont sujets au changement. Afin que vive notre désir, la pensée de crainte qui vient le défier doit mourir. Détournez donc complètement votre

attention de cette pensée d'opposition; elle mourra d'inanition. Festoyez mentalement et émotionnellement avec votre idéal et vos buts dans la vie. Votre désir de santé, de bonheur, d'accomplissement parfait et d'avancement est bon, constructif et sain, sa réalisation vous sera une bénédiction. A votre but, à votre idéal, à votre désir il faut donner votre loyauté, votre dévouement, votre attention.

Vore image est la première cause relative pour quoi vous priez, et elle est réellement sur son plan propre. Elevez votre esprit et votre cœur au-dessus du problème ou de la difficulté et imaginez l'accomplissement de votre désir, la fin heureuse en dépit de l'opposition. La crainte et les fausses croyances doivent mourir. Elles mourront lorsque vous leur refuserez votre attention; donnez donc votre confiance à votre idéal. C'est ainsi qu'on réconcilie les opposés.

Un savant définit le diable

Un célèbre savant de l'espace, le Dr Lothar von Blank-Schmidt, qui fait de la recherche spatiale, m'a dit qu'il se heurte sans cesse au diable, c'est-à-dire à la résistance, aux difficultés et aux problèmes. Parfois il éprouve la crainte d'un échec. Il résout ce problème par la prière : il se détend, se tranquillise et demande la réponse. De son esprit subconscient lui viennent, parfois spontanément, les idées créatrices nécessaires à la solution. En se servant de divers alliages de métaux et d'amalgames nouveaux, les ingénieurs, les chimistes et les physiciens qui travaillent avec lui s'efforcent de surmonter la friction et la résistance atmosphérique (le diable).

Il y a toujours une solution, une porte de sortie, une fin heureuse.

C'est par la difficulté et les problèmes (notre diable) que nous faisons la découverte de notre divinité. La joie, c'est de surmonter.

Devenez un parachutiste spirituel

Vous êtes ici pour découvrir votre Moi — Dieu. Si toutes vos facultés fonctionnaient automatiquement, vous ne pourriez découvrir vos pouvoirs et vos attributs divins. Vous pouvez vous servir de deux façons de vos pouvoirs afin d'en tirer une loi de vie. Jusqu'à ce qu'il s'éveille à la puissance créatrice, l'homme est esclave de ses cinq sens. Comprenez que vos pensées vous viennent par paires. La pensée de crainte n'a pas de réalité; elle nie ce qui est actuel. Soyez donc un parachutiste spirituel. Sur les ailes de la

foi et de l'imagination, volez au-dessus de l'obstacle, sentez la joie de la prière exaucée, réjouissez-vous et rendez-en grâce.
L'amour est l'accomplissement de la loi de santé, de bonheur, de paix, d'abondance et de sécurité. Souhaitez à tous ce que vous vous souhaitez à vous-même et éprenez-vous de votre idéal, il s'accomplira et la lumière de Dieu brillera sur vous.

J'ai envoyé mon âme à travers l'Invisible
Pour épeler les lettres de cette Après-Vie :
Mon âme est revenue vers moi
Et m'a répondu : « Je suis moi-même le Ciel et l'Enfer. »

D'après les Rubaiyat de Omar Khayyam

Points essentiels pour parvenir à l'autorité

1. Vos pensées viennent par paires. Vous êtes ici pour réconcilier les opposés et pour amener dans votre univers l'harmonie, la santé et la paix.

2. Lorsque la peur vous saisit, affirmez les grandes vérités du Psaume 27.

3. Fixez votre attention sur la chose que vous désirez, vous commencerez à réconcilier les opposés.

4. L'amour est un attachement émotionnel, c'est être loyal et dévoué mentalement à votre idéal. C'est alors que votre crainte meurt et que votre idéal se manifeste.

5. Lorsque la peur apparaît, laissez le pendule de votres esprit osciller vers la foi en Dieu, vous trouverez la paix intérieure.

6. Réclamez votre bien et sentez-en mentalement la réalité, votre esprit subconscient le manifestera.

7. Votre rapport avec Dieu (le principe de vie qui est en vous) doit être des plus aimants, comme celui d'un père et de son enfant.

8. L'enfant doit nécessairement participer à la nature et à l'espèce de son père. « *Moi et mon Père nous sommes un.* » Vous et Dieu êtes un. Dieu est votre père.

9. Si vous croyez que Dieu vous punit, vous vous mettez vous-même en esclavage. Vous êtes la cause de votre souffrance. Vos pensées et vos sentiments créent votre destinée.

10. Se résigner à la maladie, à la pauvreté et s'admettre incurable, c'est faire preuve d'un mélange d'ignorance, de peur, de superstition et d'indolence.

11. Votre désir possède sa mathématique et son mécanisme propres. Déposez-le dans votre esprit subconscient et vous le verrez croître comme croissent les semences que l'on met dans la terre.

12. Le *diable,* c'est toute pensée négative, fausse. Ce n'est qu'un rien qui s'efforce d'être quelque chose. Le *diable,* c'est l'incompréhension, la négation de la puissance de Dieu dans l'homme.

13. Ce qui est vrai au sujet de Dieu est vrai à votre sujet parce que vous êtes son enfant, héritier de toutes ses richesses.

14. Refusez d'accepter un « non » comme réponse. Croyez implicitement aux promesses de Dieu. « *Demandez et vous recevrez.* »

15. Soyez un parachutiste spirituel et, sur les ailes de la foi en Dieu et de l'imagination disciplinée, volez au-dessus de l'obstacle. Imaginez et sentez l'heureuse fin que vous souhaitez et vous la verrez s'accomplir.

16. L'amour est l'accomplissement de la loi de la santé, du bonheur, de la paix de l'esprit. Souhaitez à tous ce que vous souhaitez pour vous-même, et la lumière de Dieu brillera sur vous.

CHAPITRE XVI

Le triomphe par la pensée positive

« *Tout ce qu'un homme sème, il le récoltera* » (Galates 6 : 7). Cela signifie que si nous plantons des pensées de paix, d'harmonie, de santé et de prospérité, nous en ferons la moisson; si nous semons des pensées de maladie, de pénurie, de conflits et de disputes, nous les récolterons. Il faut que nous nous rappelions que notre esprit subconscient est semblable à la terre; quelles qu'elles soient, il va faire pousser toutes les semences que nous plantons dans le jardin de notre esprit. Bibliquement parlant, nous semons des pensées lorque nous croyons en elles de tout notre cœur, et ce que nous croyons au fond de notre cœur, nous en faisons la démonstration.

Pourquoi Dieu me punit-il ?

J'allais voir une de mes amies malade dans un hôpital londonien; quand elle me vit, elle me dit : « Pourquoi cela m'est-il arrivé ? Qu'est-ce que j'ai fait pour le mériter ? Pourquoi Dieu est-il courroucé contre moi ? Pourquoi me punit-il ? »

Les personnes qui l'entouraient me signalèrent combien cette personne, pilier de son église, était bonne et profondément croyante. Il est vrai que, de bien des façons, c'était une excellente personne, mais elle croyait à la réalité de la maladie et pensait que son état était incurable. Elle s'imaginait que son cœur avait des lois particulières, indépendantes de sa façon de penser. C'était ce qu'elle croyait et, bien sûr, elle réagissait en conséquence.

Elle consentit à envisager les choses autrement; elle comprit que sa vie était celle de Dieu et qu'en transformant son état d'esprit elle transformerait son corps. Dans sa pensée elle cessa de donner une puissance à la maladie et elle pria ainsi : « L'Infinie Présence qui guérit coule à travers moi en tant qu'harmonie, santé, paix, intégrité et perfection. L'amour de Dieu demeure en chacune des cellules de mon corps. » Elle répéta fréquemment cette prière et son changement de croyance eut pour résultat une merveilleuse guérison. Il y avait des années que cette femme vivait dans la crainte d'une crise cardiaque, ne sachant pas que ce que nous redoutons le plus nous arrive.

La loi de la vie est la loi de la croyance. Le symptôme de la maladie est le signal d'alarme de la nature qui indique que nous pensons mal sur ce point et rien ne peut nous libérer que la transformation de notre pensée. Nous démontrons ce que nous croyons vraiment. Il y a une loi de cause à effet qui opère à chaque instant et rien ne peut arriver à un homme sans son consentement et sa participation profonde.

Il n'est pas nécessaire que vous pensiez consciemment à un accident pour qu'il vous arrive.

Il accusait le bois vert de son accident

Le Dr Paul Tournier, le célèbre psychiatre français, cite le cas suivant [19] :

Il y a quelques jours, un ouvrier qui construisait un garage pour des voisins sonna à ma porte; il s'était blessé à la main avec sa scie. Désinfection, deux points de suture et un pansement — quoi de plus simple ?

Tout ceci était une routine quasi automatique. Mais, tandis que je le soignais, nous bavardâmes. « Avez-vous vu ces planches que le patron nous donne à scier ? » me demanda le blessé. « Elles arrivent tout droit de la forêt, et elles sont si vertes qu'il est pratiquement impossible d'en faire quoi que ce soit. » Il y avait donc dans cette coupure autre chose qu'un simple accident. Il y avait l'irritation de cet homme contre son patron. Lorsque nous sommes irrités contre notre travail, nos efforts ne sont plus coordonnés, nos mouvements sont saccadés et c'est ainsi que s'était produit l'accident. Poursuivant la conversation, j'appris que cet ouvrier n'était pas charpentier de son métier, mais mécanicien de précision et qu'il avait été injustement renvoyé de sa précédente place. Son irritation envers son patron actuel était en partie due au fait qu'il lui portait déjà de cette rancœur qu'il avait précédemment entretenue et réprimée.

Voilà qui illustre bien comment des désordres émotionnels peuvent être cause d'accidents sérieux.

19 « Les fiches d'un médecin vues à la lumière de la Bible » *(A Doctor's Casebook in the Light of the Bible)*, par Paul Tournier, extrait reproduit avec la permission de Harper and Row Inc., New York, N.Y. Première édition américaine, 1960.

La cause des accidents

« Ces dix-huit personnes, sur qui la tour de Siloé est tombée et qu'elle a tuées, pensez-vous qu'elles fussent plus coupables que tous les autres habitants de Jérusalem ? » (Luc 13 : 4-5).

Jésus nie catégoriquement que les victimes d'une telle calamité soient de plus grands pécheurs que les autres hommes et il ajoute : « Si vous ne vous repentez, vous périrez tous également. »

Les malheurs, les accidents et les tragédies de toutes sortes sont signe de désordres mentaux et émotionnels qui se traduisent en manifestations. *Se repentir* veut dire penser d'une nouvelle manière, revenir à Dieu et se mettre à l'unisson de l'infini; cela veut dire qu'il faut suivre la direction divine dans toutes vos entreprises. Quand vos pensées sont celles de Dieu, la puissance de Dieu est dans vos pensées, votre action est juste et son résultat harmonieux.

Comment vous protéger contre les accidents

Tranquillisez votre esprit plusieurs fois par jour et affirmez lentement, calmement et avec amour : « Dieu coule à travers moi en tant qu'harmonie et santé, paix, joie, intégrité et perfection. Dieu marche avec moi et me parle. Sa protection est toujours autour de moi et, partout où je vais, la sagesse de Dieu me gouverne de toutes les façons et l'action juste divine prévaut. Toutes mes voies sont des chemins heureux, les chemins de la paix. »

En méditant ces vérités éternelles, vous établirez dans votre esprit subconscient des prototypes d'ordre divin. Tout ce que vous imprimez sur votre subconscient s'exprime, par conséquent vous verrez qu'à tout moment vous serez protégé par une présence tutélaire, celle de votre Père céleste, qui vous répond lorsque vous faites appel à lui.

Nous sommes tous dans l'entendement racial, dans le grand océan psychique de la vie. L'entendement racial croit à la maladie, aux accidents, à la mort, au malheur, aux tragédies de toutes sortes et, si nous ne nous repentons pas, c'est-à-dire si nous ne pensons pas par nous-mêmes, l'entendement racial pensera pour nous. Peu à peu les pensées de l'entendement racial influençant notre conscience d'être, cette influence pourra parvenir au point de saturation de notre subconscience avec pour effet un accident, une maladie soudaine ou quelque calamité.

La plupart des gens ne pensent pas; ils ne font que *penser* qu'ils pensent. Vous pensez lorsque vous différenciez ce qui est faux de ce qui est vrai. Penser, c'est choisir. Vous avez la possibilité de dire oui ou de dire non. Dites « oui » à la vérité et rejetez tout ce qui n'est point semblable à Dieu, à la vérité. Si l'instrument mental ne pouvait choisir, vous ne seriez pas un individu. Vous avez le pouvoir d'accepter ou de rejeter. Pensez donc à « *toutes choses véritables, toutes celles qui sont honnêtes, toutes celles qui sont justes, toutes celles qui sont pures, toutes celles qui sont belles, toutes celles qui sont aimables, à tout ce qui est vertueux et digne de louange* ». Vous pensez, lorsque vous avez conscience d'une Intelligence infinie qui répond à vos pensées conscientes, quel que soit votre problème et, tandis que vous pensez à une solution divine, à une fin heureuse, la sagesse subjective qui est en vous vous répondra et vous révélera le plan parfait, vous montrant le chemin que vous devez prendre.

Dieu m'en veut

Il y a quelques mois une dame vint me consulter, disant qu'elle avait depuis plusieurs années une lésion organique qui ne guérissait pas, en dépit de toutes sortes de traitements, rayons X inclus. Elle avait, disait-elle, prié, s'était fait conseiller spirituellement, mais sans résultat.
Elle me dit : « Dieu m'en veut. Je suis une pécheresse, voilà pourquoi je suis punie. » Elle me dit aussi qu'elle était allée voir un homme qui l'avait hypnotisée, qui disait avoir lu dans son passé et qui avait eu l'effronterie de lui déclarer qu'elle était victime d'un *Karma* car, dans une existence antérieure, elle avait blessé et injustement puni des gens : à présent, à son tour, elle souffrait, récoltant le juste prix de ce qu'elle avait fait. Elle me dit avec angoisse : « Pensez-vous que telle soit la raison qui m'empêche de guérir ? »

L'explication

Bien entendu, tout ceci n'était que billevesées et monstrueuses absurdités. Ces élucubrations ne faisaient qu'ajouter à la souffrance et à la misère de cette femme et ne lui apportaient aucun soulagement. Je lui expliquai une antique vérité : il n'y a qu'une puissance qu'on appelle Dieu, qui est l'intelligence créatrice en chacun de nous et qui nous a créés. Cette puissance devient pour nous ce que nous la croyons être. Si nous pensons que Dieu nous punit et que nous devons souffrir, « ... *qu'il te soit fait selon ta foi* » (Matthieu 9 : 29). « *Car tel un homme pense en son cœur, tel il est* » (Proverbes 23 : 7). Autrement dit, les pensées et les sentiments de l'homme créent sa destinée.

Si l'homme ne pense pas constructivement, sagement, judicieusement, quelqu'un d'autre, ou bien l'entendement racial, pensera pour lui et fera de sa vie un désastre. Si vous croyez que Dieu est infinie bonté, amour sans bornes, harmonie absolue et sagesse illimitée, la présence de Dieu vous répondra en conséquence en vertu de la loi des rapports réciproques et vous serez béni d'innombrables façons.

Les forces de la vie ne sont point mauvaises, tout dépend de la manière dont nous nous en servons. L'énergie atomique n'est pas mauvaise en soi, elle est bonne ou mauvaise selon l'usage que nous en faisons. L'homme peut se servir de l'électricité pour s'éclairer ou pour tuer ses semblables. Vous pouvez avec de l'eau étancher la soif d'un enfant, mais l'eau peut aussi le noyer. La façon dont on se sert des objets et de toutes choses ici-bas est déterminée par les pensées des hommes. Le bien et le mal sont des mouvements de l'esprit relatifs à l'unique puissance qui, elle, est intègre, pure et parfaite. La force créatrice est dans l'homme. L'univers manifesté n'a d'autre puissance que celle que nous lui donnons.

La femme dont il est ici question cherchait une justification à ses souffrances. Elle regardait autour d'elle au lieu de comprendre que la cause est toujours dans l'esprit subconscient.

Son idylle cachée

Je lui demandai de me parler de ses rapports personnels avec les hommes. Elle m'avoua qu'ayant eu une liaison coupable cinq ans auparavant, elle en éprouvait un remords qui la tenaillait. Ce remords était la blessure psychique qui avait provoqué sa lésion organique. Elle comprit que Dieu ne la punissait pas, mais qu'elle se punissait par ses propres pensées. Sa lésion était sa pensée matérialisée; en transformant celle-ci, elle pouvait faire disparaître celle-là.

La vie, c'est-à-dire Dieu, ne punit pas. Si vous vous brûlez le doigt, la vie réduit l'œdème et vous donne une peau neuve, restaurée. Si vous absorbez une nourriture malsaine, la vie vous fait régurgiter, cherchant à vous rendre la santé parfaite. Les Anciens disaient que le médecin panse la plaie, mais que c'est Dieu qui la guérit [20].

[20] « Je le pansai, Dieu le guérit » (Ambroise Paré, chirurgien français, 1517-1590). N.T.

La lésion de cette femme et ces symptômes morbides qu'aucun traitement médical, que nulle prière n'avaient pu guérir disparurent en une semaine. Il n'y a pire souffrance qu'une conscience pleine de remords et, assurément, aucune arme n'est plus meurtrière. Pendant cinq ans cette personne s'était punie par ses pensées destructrices ! Lorsqu'elle cessa de se condamner et qu'elle fit appel à l'infinie présence curative de Dieu, affirmant que cette présence saturait tout son être et que Dieu animait chaque cellule de son corps, la lésion disparut.

Si pendant cinquante ans vous vous étiez servi de façon erronée du principe de l'électricité ou d'une loi de la chimie et que soudain vous en découvriez l'emploi correct, diriez-vous que le principe de l'électricité vous en veut ? De même, aussi longtemps que vous vous servez de votre esprit d'une manière négative et destructrice, vous en voyez les effets néfastes mais, dès le moment où vous vous en servez correctement, les bons résultats apparaissent. « *Ne pensez plus aux événements passés et ne considérez plus ce qui est ancien* » (Esaïe 43 : 18).

Il accusait les planètes

Un homme vint me voir il y a quelques mois; il perdait peu à peu la vue. Il attribuait cet état à un manque de vitamines et aussi à son hérédité car, disait-il, son grand-père était aveugle à quatre-vingt-dix ans. Cet homme appartenait à une secte étrange dont le leader, ayant tracé son horoscope, lui avait dit qu'une conjonction maléfique des planètes était la cause de sa déficience visuelle.

En médecine psychosomatique il est bien connu aujourd'hui que les facteurs mentaux et émotionnels jouent un rôle bien défini dans toutes les maladies. La myopie peut avoir pour cause le travail négatif de l'esprit. Au lieu de soigner uniquement l'œil, il faut traiter aussi les facteurs émotionnels et mentaux de l'individu. C'est ainsi qu'on peut découvrir le facteur émotionnel de base, la raison pour laquelle le subconscient choisit une maladie qui tend à tout écarter, sauf l'entourage immédiat. Le Dr Flanders Dunbar, qui fut un psychiatre distingué, auteur de l'ouvrage *Emotions and Bodily Diseases* (« Emotions et maladies corporelles »), déclara que certaines réactions émotionnelles peuvent être la cause de désordres visuels. En m'entretenant avec l'homme qui devenait peu à peu aveugle, j'appris qu'il détestait la vue de sa belle-mère, qui habitait chez lui. Il était plein de rage réprimée et son système nerveux, ne pouvant supporter plus long-

temps cette tension extrême, fit de ses yeux un bouc émissaire. L'explication que je lui donnai fut sa guérison. Il fut surpris d'apprendre que les émotions négatives persistantes se rebellent dans le subconscient et sont contraintes de s'exprimer négativement. Les commandements négatifs qu'il avait donnés à son esprit subconscient (« Je déteste sa vue », « Je ne veux plus la voir ») furent acceptés comme autant de requêtes et accomplis.
Mon consultant prit des dispositions pour que sa belle-mère aille vivre ailleurs. La remettant à Dieu, il pria pour elle, lui souhaitant toutes les bénédictions de la vie, la santé, le bonheur, la paix, la joie, l'abondance et la sécurité. Sa vue s'améliora presque immédiatement et redevint tout à fait normale quinze jours plus tard. Il comprit qu'il avait pardonné à sa belle-mère parce que, lorsqu'il pensait à elle, il n'en éprouvait plus la moindre irritation ni le moindre ennui. Cet homme avait essayé de justifier la perte de sa vue en accusant des causes extérieures plutôt que son propre esprit.

Indifférence et négligence

Une déficience en vitamine A peut être une cause d'ophtalmie, c'est-à-dire d'une inflammation de la conjonctive du globe oculaire; néanmoins elle peut avoir également pour origine l'ignorance, l'indifférence ou la négligence d'un individu. Dans ce dernier cas, il s'agirait de stupidité ou de négligence, dans le premier d'un état d'esprit ou simplement d'ignorance. La vitamine A est omniprésente, nous devons être assez intelligents pour nous en servir.
Nous ne pouvons ni esquiver ni circonvenir la loi de l'esprit. Il vous est fait selon votre foi, et une croyance est une pensée entretenue dans l'esprit. Aucune puissance, aucun mal extérieur ne cherche à vous nuire ou à vous tromper. Les gens attribuent constamment leurs maladies et leurs malaises à Dieu, à l'atmosphère, au temps, aux entités mauvaises, à l'hérédité, à la nourriture. C'est l'homme qui pollue l'air par ses idées bizarres et ses fausses doctrines. Si un homme croit qu'en restant près d'un ventilateur électrique il va s'enrhumer ou attraper un torticolis, cette croyance, une fois acceptée par son subconscient, va devenir son maître et il s'enrhumera ou aura un torticolis. Voilà pourquoi la Bible dit : « *Qu'il te soit fait selon ta foi* » (Matthieu 9 : 29). Le ventilateur est tout à fait inoffensif et incapable de provoquer un torticolis. Vous pouvez vous servir de votre foi à deux fins : vous pouvez avoir la foi en un virus invisible susceptible de vous donner l'influenza, ou bien vous pouvez mettre votre foi en l'invisible esprit qui

vous anime, afin qu'il coule à travers vous sous forme d'harmonie, de santé et de paix.

Il vous habille comme votre peau

Prenez conscience de ce que Dieu ne peut être malade, que l'esprit en vous est Dieu et que ce qui est vrai au sujet de Dieu est vrai à votre sujet. Croyez cela et vous ne serez jamais malade car, *selon votre foi* (dans la santé et le bonheur) *il vous est fait.*
Emerson écrit quelque part :

Il (l'homme) *pense que sa destinée est contraire parce que la copule*[21] *est cachée. Mais l'âme contient l'événement qui va lui arriver, car l'événement n'est que l'actualisation de ses pensées, et notre prière pour nous-même est déjà exaucée. L'événement est l'empreinte de votre forme, il vous habille comme votre peau.*

Le meurtre dans son cœur

Lorsque j'étais enfant, j'ai connu en Irlande un fermier qui attendit tous les jours, pendant une semaine, le passage de son propriétaire; il s'était installé derrière une barrière et voulait tirer sur lui. Un jour, alors qu'il se postait pour faire le guet, il trébucha, le coup partit et le fermier fut tué net. A cette époque je ne compris pas la raison de cet incident et, comme les autres, je n'y vis qu'un déplorable accident.
En réalité il n'y a pas d'*accidents;* derrière le fusil, la voiture, la bicyclette ou le train, il y a un état d'esprit, un sentiment. Le fermier en question avait depuis longtemps le meurtre dans son cœur, son subconscient lui répondit en conséquence.

Deux choses dissemblables

Deux choses dissemblables se repoussent. Si vous marchez avec Dieu, vous entretenant avec lui, croyant qu'il vous guide et que la loi de l'harmonie vous gouverne sans cesse, vous ne pouvez pas vous trouver dans un train qui déraillera : la discorde et l'harmonie n'habitent pas ensemble.

[21] Mot qui lie l'attribut au sujet. N.T.

Une balle le frappa

Une dame m'écrivit que sa fille avait regardé un groupe d'hommes qui se battaient dans les rues de New York et qu'elle avait été blessée d'une balle, ce qui avait nécessité l'amputation de deux doigts. Sa mère m'en demandait la cause; était-ce la volonté de Dieu ? Elle ajoutait, en post-scriptum : « Par la prière, ma fille ne pourra pas retrouver ses doigts. »

Cet accident était-il une punition de ses péchés ? La réponse à toutes les questions posées par cette mère est négative. Dieu ne juge ni ne punit; le bien et le mal sont des mouvements de la pensée de l'homme. C'est une réaction toute primitive que d'estimer que Dieu nous punit ou qu'un diable nous tente ! Notre croyance se manifeste toujours. Hommes, femmes et enfants témoignent sans cesse de leurs attitudes mentales et de leurs croyances.

Notre état de conscience est toujours une cause. Notre état de conscience, c'est ce que nous croyons consciemment et subconsciemment.

Nous ne connaissons pas ce qui se trouvait dans l'esprit de cette jeune fille. Si elle entretenait de la haine, du ressentiment, si elle était pleine d'hostilité ou de condamnation d'elle-même, elle pouvait s'attirer cet événement. Il faut se rappeler que la majorité des gens ne disciplinent, ne maîtrisent ni ne dirigent dans le sens divin leur penser, leur imagerie mentale. Par conséquent le fait qu'ils ne pensent pas constructivement et harmonieusement quant à l'unique infini ouvre leur esprit à l'entendement irrationnel de la masse qui est plein de craintes, de haines, de jalousies et de toutes sortes d'événements négatifs.

Une main gauche se constitua

Bien des personnes déclarent catégoriquement que l'homme ne peut faire pousser une jambe ou un doigt qui manque. Laissez-moi citer le livre d'Elsie H. Salmon [22] *He Heals Today* (« Il guérit aujourd'hui ») :

« *Mildred avait trois ans* lorsqu'elle me fut amenée. Elle était *née sans main gauche* » (Mrs. Salmon souligne). « Bien au-dessus du poignet son bras se terminait par une pointe pas plus grande qu'un index. »

Elsie Salmon dit aux parents de l'enfant : « Si nous croyons que toutes choses sont possibles à Dieu, alors Dieu pourra reconstituer cette main. »

« En un mois la pointe du bras difforme avait doublé de volume et s'arron-

[22] Avec la permission de Arthur James Limited, The Drift, Evesham, Worcs., Angleterre.

dissait; sur quoi, voyant ce développement remarquable, le père dit : « Tout peut arriver ! »

Le mois suivant, il se produisit une formation qui ressemblait à un pouce et que nous avons pris pour tel à ce moment-là.

Environ trois mois plus tard, nous vîmes que *ce n'était pas un pouce mais, au bout de ce bras, la croissance de toute la main qui se développait comme une fleur sous nos yeux.* »

Elle conclut en disant que les sceptiques se sont trouvés dans l'obligation d'accepter la réalité de ce fait.

Peut-être pourrions-nous prendre leçon sur le rhinocéros. Quand on lui coupe les cornes et qu'on en extirpe les racines, il en repousse d'autres. Coupez les pattes d'un crabe, de nouvelles apparaissent. Si l'homme croyait qu'il peut faire pousser un nouveau doigt, une jambe ou quelque organe, il ferait l'expérience de sa croyance.

« Avec Dieu, toutes choses sont possibles » (Matthieu 19 : 26).

Points à se rappeler

1. Lorsque vous croyez profondément à vos pensées, vous les semez dans votre subconscient et ce que vous imprimez sur le subconscient s'exprimera.

2. Une perturbation, quelle qu'elle soit, est le signal d'alarme de Dieu qui vient nous rappeler que nous pensons mal et que nous devons immédiatement re-diriger notre manière de penser.

3. Quand un homme est irrité ou perturbé émotionnellement, ses gestes sont saccadés et sans coordination, il risque alors un accident.

4. Les malheurs, les accidents, les tragédies de toutes sortes sont le signe de ce que désordres mentaux et émotionnels ont pris forme.

5. Etablissez dans votre subconscient des prototypes mentaux de l'ordre divin : vous serez protégé de tout mal.

6. Il faut que vous pensiez par vous-même, faute de quoi l'entendement racial et la propagande penseront pour vous. Cessez de laisser laver votre cerveau par les opinions de la masse.

7. Penser, c'est choisir. Dites « oui » aux éternelles vérités et choisissez la santé, le bonheur, la sagesse et la paix de l'esprit. Choisissez la vie abondante !

8. Dieu ne punit personne. Dieu ne juge personne. Vous vous punissez vous-même par votre penser négatif et par vos fausses croyances. Il vous est fait selon votre foi. Croyez en un Dieu d'amour, en la bonté de Dieu au sein de la vie.

9. La vie vous pardonne sans cesse. Si vous vous brûlez le doigt, la vie vous guérit. Pourquoi ne pas vous pardonner à vous-même et être libre ?

10. Même si vous vous êtes servi longtemps de votre esprit d'une façon destructrice ou négative, dès l'instant où vous vous en servez convenablement, les résultats positifs apparaîtront.

11. En psychosomatique il est bien connu aujourd'hui que les facteurs mentaux et émotionnels jouent un rôle défini dans toutes les maladies.

12. Nulle puissance extérieure, nulle entité mauvaise ne cherchent à vous nuire ou à vous leurrer. La cause est toujours dans votre esprit, basée sur ce que vous pensez, sentez et croyez, sur ce à quoi vous donnez votre consentement mental.

13. L'événement n'est que l'actualisation de vos pensées. L'événement, l'expérience vous habillent comme votre peau.

14. Croire que Dieu vous punit, c'est penser de façon bien primitive. Dieu vous aime, vous êtes son enfant. Il ne faut pas attribuer à Dieu les choses que, pour rien au monde, vous n'attribueriez à vos parents.

15. Il n'y a pas d'accidents. Derrière toute expérience il y a une loi de cause et d'effet. La cause de ce qui nous arrive est dans notre pensée et l'effet est la réaction à celle-ci.

16. Si un homme croyait qu'une jambe, un bras ou un doigt peuvent pousser, il ferait l'expérience de sa foi, car avec Dieu toutes choses sont possibles.

CHAPITRE XVII

Voyager avec Dieu

Chaque fois que je pars pour une tournée de conférences, je prie ainsi : « L'Eternel ton Dieu marchera lui-même devant toi » (Deutéronome 9 : 3). J'ai foi et confiance d'être, dans toutes mes voies, divinement guidé et dirigé. Je sais que l'amour divin va devant moi, aplanissant mon chemin, le faisant joyeux, beau et heureux. Je sais que partout où je me rends, que ce soit par autobus, train ou avion, en automobile ou en utilisant tout autre moyen de transport, l'amour et l'intelligence de Dieu gouvernent mon voyage. Tous les chemins du monde sont sous le contrôle de Dieu, de sorte que les cieux et la terre sont pour moi les routes de mon Dieu.

Voyagez comme un roi

Dans les temps anciens — et aujourd'hui encore — lorsqu'un monarque voyageait, des courriers et des messagers le précédaient pour préparer son séjour afin qu'un accueil royal lui fût assuré. Les soldats surveillaient la route, comme aujourd'hui lorsqu'un Président se déplace, les agents des services secrets surveillent et examinent le trajet et à tout instant restent vigilants. Parce que toutes les précautions ont été prises pour sa sécurité, nul malfaiteur ne peut approcher du roi au cours de son déplacement.

Si vous marchez dans la conscience de l'amour de Dieu, si vous priez pour que l'amour divin vous précède, aplanissant et embellissant votre chemin, le rendant heureux, joyeux et beau, si vous vivez dans cette conscience, vous aussi vous ferez de merveilleuses expériences dans vos voyages et vous rencontrerez des gens admirables. Quand vous voyagez, ayez bien soin, pour qu'il prépare votre chemin, de donner des ordres à votre peuple (à vos pensées, à vos sentiments) ; c'est ainsi que vous vous assurerez partout un accueil royal.

Ecoutez la voix intérieure

Il y a quelques années, par la route du Pôle, je quittais Los Angeles pour me rendre en Europe, en Afrique, en Australie, en Nouvelle-Zélande et aux Indes. Il faut que nous apprenions à écouter les murmures de notre cœur qui nous guident dans l'action. Mon voyage venait à peine de commencer lorsque je compris quelles étaient les raisons qui me l'avaient fait entreprendre. En lisant ce chapitre vous connaîtrez ces multiples raisons et je suis persuadé que cela vous intéressera, vous instruira et sera pour vous d'un très grand profit.

Il est exaltant de voyager par cette route polaire. Je n'oublierai jamais ce que je ressentis quand, regardant par le hublot de l'avion, je vis les lumières dansantes, les couleurs variées; il me semblait que le ciel tout entier était absorbé dans une flambée de gloire. Ce vaste panorama des lumières nordiques inonde le ciel de grandes flammes qui s'élancent, admirablement belles, inoubliables de grandeur, rappelant que Dieu est indescriptible beauté.

Une petite fille dit à sa mère : « Maman, regarde Dieu qui danse dans le ciel ! » Ces célestes lumières me rappelaient la citation de la Bible : « ... *la véritable lumière, qui éclaire tout homme venant au monde* » (Jean 1 : 9). Enfant, je contemplais ces lumières du Nord, mais jamais comme à travers les fenêtres de l'avion tandis qu'il approchait du Cercle arctique je n'avais vu un tel déploiement de l'ouvrage de Dieu. Je ne pus m'empêcher de penser que Dieu est beauté, béatitude absolue et harmonie; de plus, on est contraint, en voyant Dieu danser dans le ciel, de penser à l'ordre, au rythme, à la beauté et à la proportion.

Il m'avait vu en rêve

Pendant quelques heures l'avion fit escale au Groenland. Il était tout simplement merveilleux de voir avec quelle grâce le pilote avait su atterrir sur cette île glacée. Dès notre arrivée nous fûmes conduits dans une petite auberge pour y prendre le café. Là je rencontrai un homme qui me dit : « J'avais l'habitude de vous entendre à Los Angeles. Aurez-vous la bonté d'aller voir mon frère à Copenhague ? » Je promis d'y aller. Il ajouta : « Je savais que vous alliez venir, je vous ai vu en rêve et j'ai compris que vous me réconcilieriez avec mon frère. »

Je lui demandai pourquoi il pensait que son frère m'écouterait. Il me répondit que ce frère étudiait la puissance du subconscient [23].

[23] *La puissance de votre subconscient,* paru en français et en allemand aux mêmes Editions. N.T.

J'allai voir cet homme à Copenhague et lui expliquai la mission dont j'étais chargé. J'appris qu'il refusait de répondre aux lettres de son frère habitant le Groenland, entretenant à son égard une haine farouche, née d'un méfait imaginaire.

Cet homme souffrait d'un torticolis, malaise souvent provoqué par le ressentiment ou le mauvais vouloir. Nous priâmes ensemble et il se joignit à moi pour adresser à son frère des pensées d'amour, de paix et de bonne volonté. J'écrivis à son intention une prière simple : « L'amour divin, la paix de Dieu et sa divine harmonie agissent à chaque instant entre mon frère et moi. » La répétition constante de cette prière aide grandement à résoudre tout malentendu. La prière est une habitude, et le fait de former une habitude et d'occuper fréquemment l'esprit d'une prière semblable à celle-ci le reconditionne dans l'harmonie, la paix, la bonne volonté; le problème trouve alors sa solution.

Après avoir prié, il écrivit à son frère; sa lettre était si belle qu'elle touchait le cœur. Peu après, son torticolis guérit complètement et il put tourner aisément la tête.

Je me mis à réfléchir au frère resté au Groenland; il m'avait vu en rêve, atterrissant et entrant dans le petit café qui se trouvait à quelque distance de l'aéroport. L'homme ne connaît pas toujours les causes de ses actions. Il est des moments où le Soi supérieur agit sur l'esprit d'un individu et en fait un messager qui accomplit le rêve ou le désir d'un autre. Il peut penser qu'il le fait de sa propre volonté, alors qu'en réalité c'est le Soi supérieur, l'Intelligence infinie qui est en lui-même.

Il y a toujours une réponse

Arrivant en Afrique du Sud je trouvai fermé le Centre de Johannesbourg où je devais parler, le leader étant parti de son côté faire une tournée de conférences. A la demande du Dr Hester Brunt, de Capetown, je vis un certain nombre de personnes et je priai pour avoir la possibilité de trouver une salle de conférences. Une des personnes que je rencontrai me dit : « Mon mari voudrait tant que vous fassiez des conférences ici. » Ce mari rassembla tous ses amis et connaissances qui s'intéressaient à la science de l'esprit et nous eûmes de très heureuses rencontres à Johannesbourg. Parfois la réponse vient d'étrange façon. *« Car autant les cieux sont plus élevés que la terre, autant mes voies sont élevées au-dessus de vos voies et mes pensées au-dessus de vos pensées. »* (Esaïe 55 : 9)

Il n'est jamais trop tard

A Johannesbourg, je désirais visiter le célèbre Kruger Park, mais la direction de l'hôtel me dit : « Vous venez trop tard. Il n'y aura plus aucune visite avant lundi prochain. » J'étais près du départ; je dis à mon Moi supérieur : « Esprit infini, ouvre la voie là où l'homme dit qu'il n'y a pas de voie. »

Au cours d'un déjeuner et d'une conversation, un homme de Kimberley me parla de son problème. Je lui expliquai le pouvoir de son esprit subconscient et lui indiquai ce qu'il devait faire. Le lendemain matin il me dit qu'il avait ignoré d'aussi simples méthodes de prière et que son problème était résolu. Il ajouta qu'en passant par des villages de tribus zouloues, son chauffeur allait le conduire au Kruger Park dans le but de tout photographier, depuis les zèbres, les rhinocéros jusqu'aux girafes qui se trouvent dans ces vastes espaces. Il dit : « Nous allons voir des lions, des babouins, des éléphants, des oiseaux qui crient « go away » (allez-vous-en) et toutes sortes d'animaux dont je ne connais pas le nom. » Il conclut en disant : « Ce serait un honneur pour moi si vous m'accompagniez ! Vous seriez mon invité. » C'était la réponse à ma prière.

Une fortune et quatre bœufs

Johannesbourg, où je donnais donc ma série de conférences sur la puissance de l'esprit subconscient, est appelée par les Sud-Africains la Cité d'Or. C'est une ville pleine de rêves, de gaîté, de richesses et aussi de cœurs en peine. Le directeur de l'hôtel me dit que Johannesbourg, il y a soixante ans, n'était qu'un camp de mineurs et, il y a soixante-dix ans, qu'une vaste jungle; aujourd'hui il y a des rues pavées et d'immenses gratte-ciel; on y trouve l'agitation et la précipitation de New York. Le terrain sur lequel Johannesbourg est construite fut, voici soixante ans, offert à un homme disposé à donner huit bœufs en échange. Le vendeur en voulait douze. Comme il lui manquait quatre bœufs, M. Jennings n'acheta pas le terrain qui, en soixante ans, a produit des richesses telles que Midas ou Crésus paraîtraient en comparaison de simples mendiants ! S'il avait su comment prier, il aurait offert douze bœufs, le prix demandé. De toute évidence, il ne sollicita pas la direction divine et ne pria pas pour être guidé dans ses affaires. Sous cette grande ville se trouvent des mines d'or qui atteignent jusqu'à 10 000 pieds de profondeur. Il y a une ville sous la ville et là, venant de tous les coins d'Afrique, des ouvriers travaillent à extraire et à raffiner l'or.

La prière de la mort

Le directeur d'une de ces mines, où travaillent des hommes de couleur, a sous ses ordres 9000 employés. Les tribus ont des quartiers séparés, car il existe entre elles des différences de langage, de coutumes et elles adorent des dieux différents. Certaines d'entre elles sont très primitives et très superstitieuses.

Ce directeur, un Ecossais, me dit que lorsque le sorcier récite la prière de la mort dirigée contre un aborigène, aucun médecin ne peut sauver celui-ci; il meurt. Autrement dit, l'homme, sans comprendre ce qu'il fait, se tue lui-même par la peur. La prière du sorcier n'a aucun effet sur le missionnaire blanc qui rit de ses incantations, ce qui prouve une fois de plus la puissance d'une croyance.

Vos ennemis sont dans votre propre esprit et nulle part ailleurs. Personne n'a de pouvoir sur vous à moins que vous ne lui en accordiez dans votre propre esprit. L'esprit en vous est le seul souverain, la puissance suprême. Il est un et indivisible, et il répond toujours à votre pensée.

Six mois à vivre

A Johannesbourg j'ai rencontré une mère de six enfants dont l'un est maintenant un homme de quarante-cinq ans. Cette femme apprit à ses enfants à considérer Dieu comme le Père omnipotent qui les guiderait, les protégerait et les soutiendrait toujours, partout où ils iraient. Un de ses fils travaillait à la mine lorsque son médecin lui apprit qu'il n'avait plus que six mois à vivre. Il dit à ce bon médecin : « Docteur, c'est impossible. Mon Père ne pourrait pas, ne voudrait pas me faire cela. J'ai trois enfants qui ont besoin de moi. Mon Père m'aime, il me guérira ! »

Le médecin crut qu'il plaisantait, mais l'homme lui expliqua ce qu'il voulait dire et ils devinrent de très grands amis. L'homme guérit et il est à présent vigoureux et puissant. A l'heure actuelle il occupe un poste supérieur dans une des mines.

Cet homme me raconta qu'à certains moments sa famille ne voyait pas comment sortir de situations apparemment inextricables; c'est alors que sa mère leur recommandait d'en parler au Père qui nous habite tous. A cause de son amour, disait-elle, il répondrait et le miracle, en effet, se produisait toujours. Cette famille vit une vie enchantée parce qu'elle s'en remet en toutes choses à Dieu comme à son Père, plein de bonté, de compassion et de compréhension.

Guérison d'une victime de la poliomyélite

Une des sœurs de cet homme fut atteinte de poliomyélite, mais marche parfaitement à présent. Elle employa, pour m'en parler, les termes mêmes dont son frère s'était servi : « Dieu, mon Père, n'aurait pas voulu que sa fille fût infirme. Mon Père veut que je sois heureuse. » Je lui demandai comment elle priait quand elle était petite fille; elle me dit : « Je disais chaque soir : « Père aimant, guéris ta fille afin qu'elle puisse chanter, danser et être joyeuse. » En deux ans je fus guérie. »

Il ne reste qu'une cicatrice

Pendant une tournée de conférences à Kimberley, je rencontrai un homme fort intéressant et je le prévins que je parlerais de lui dans mes écrits. Il avait été soldat pendant la deuxième guerre mondiale et une balle lui avait fracturé la jambe. En ce temps-là, cet homme ne savait rien de la puissance curative intérieure de Dieu et il était athée. Quand l'armée lui demanda sa religion, il répondit : « Etre humain. » Après sa blessure il resta longtemps dans un hôpital anglais.

Un jour il se dit : « Il y a tout de même une Intelligence qui m'a créé. Elle doit pouvoir guérir ma jambe. » Et il s'imagina en train de faire tout ce qu'il aurait fait s'il avait été sain et bien portant. Autrefois il avait fait de l'athlétisme. Il se mit à vivre en esprit la vie d'un athlète, formant de lui-même une image de ce qu'il voulait être. Il participait à ce film mental, le dramatisait, en sentait la réalité. Bien qu'incurable, incapable de marcher, assis sur sa chaise, il se *sentait* monter à bicyclette, escalader une montagne, donner un coup d'envoi à un ballon. Il déclarait de plus qu'il était vigoureux et puissant.

Le résultat fut qu'en quelques années cet homme devint, pour sa taille, l'homme le plus fort d'Afrique du Sud. Sa fracture était parfaitement réduite; il me montra sa jambe et je vis qu'il ne lui restait qu'une cicatrice. Voilà une démonstration de la loi qui fait que ce que vous imaginez et sentez être vrai le devient.

Il obtint un passeport

Une autre fois, j'eus en Afrique une conversation des plus intéressantes avec un Européen. Après la guerre il s'était retrouvé sans patrie et dans l'impossibilité de prouver son identité; son foyer avait été détruit et tous les membres de sa famille tués. Il désirait obtenir un passeport mais essuyait toujours de nouveaux refus. Sa situation était sans issue.
Très simplement, chaque soir, il imagina le consul en train d'apposer son timbre sur son passeport imaginaire. Cette prière fit surgir des personnes qui étaient à même de témoigner et de prêter serment quant à son origine; le passeport lui fut donc remis. Il dit que la rencontre de ces personnes était la chose la plus extraordinaire qu'il eût jamais vue. En vérité, les voies de Dieu sont impénétrables.

Marchez sur la route du roi

Chaque être est un roi dans son propre esprit. Vous êtes le maître des réactions de vos pensées. Vous avez le pouvoir de les commander, de ne les laisser s'appesantir que sur ce que vous choisissez de méditer. Vos émotions suivent vos pensées. Vous êtes un roi, un souverain qui règne sur le domaine de vos concepts. Vous avez le pouvoir de refuser un passeport aux visiteurs étrangers qui voudraient entrer dans votre royaume (votre esprit), aux visiteurs tels que la crainte, le doute, le souci, l'anxiété, les critiques, la haine, etc. Vous êtes roi, vous avez le pouvoir de commander à vos sujets et ils sont contraints de vous obéir, car vous êtes un monarque absolu, vous avez le pouvoir de tuer, de détruire et d'oblitérer tous vos ennemis (les pensées négatives), de les bouter hors de votre royaume mental. Cela, vous pouvez le faire au moyen de la flamme de l'amour divin, de la pensée juste. C'est vous qui déterminez l'état d'esprit, le sentiment que vous allez entretenir. Vous êtes à même de décider de la manière dont vous allez réagir aux conditions, aux circonstances, à votre entourage. Si de mauvaises nouvelles vous parviennent, si l'on vous critique, si l'on vous condamne, si l'on vous calomnie, souvenez-vous que vous êtes roi et que nul ne peut vous blesser ou vous nuire à moins que vous ne lui en donniez la permission par votre consentement mental. Refusez cette permission. Ne permettez à aucune pensée négative de vous troubler. Il faut positivement que vous refusiez de réagir négativement. Dites : « Je suis roi, je marche dans la voie royale. Je reste insensible et impavide; rien ne m'affecte si ce n'est ma propre pensée, en vertu de mon consentement mental. Je ne donne mon allégeance et ma loyauté qu'à Dieu et à ses vérités. » *« Tu le dis : je suis roi; voici pourquoi je suis né. »* (Jean 18 : 37)

L'accent de Capetown

Capetown est une belle ville. On s'y sent très à l'aise parmi ce peuple amical d'expression anglaise [24] dont l'accent est semblable à celui des Londoniens des faubourgs. Je dis à plusieurs étudiants ontologistes de cette ville : « Venez-vous d'Angleterre ? » — « Non, nous sommes nés ici », me répondirent-ils. Mais leurs parents étaient nés en Angleterre, ce qui montre bien que l'atmosphère mentale et spirituelle du foyer influence l'enfant, où qu'il naisse.

Le Dr Brunt et ses assistants, tous très expérimentés, me firent visiter les environs de Capetown, son parc magnifique, héritage de Cecil Rhodes et des premiers colons hollandais. Le soir, Capetown ressemble à Hollywood et il s'y trouve un merveilleux Centre de Science mentale. Le Dr Brunt me dit que beaucoup d'Américains qui viennent au Centre demandent : « Où sont les lions et les tigres ? » Ils semblent penser qu'il suffit de sortir de la ville pour trouver ces fauves à quelques kilomètres, ce qui, bien entendu, est inexact.

L'aventure d'une vie

Une visite au Kruger National Park vous fascinerait et vous enthousiasmerait; j'y vis toutes sortes d'animaux sauvages, dont les lions qui vinrent frotter leur échine contre les pare-chocs de notre voiture. Je vis un homme sortir de sa voiture pour photographier un rhinocéros qui, soudain, chargea; l'homme dut grimper sur un arbre et y rester perché. Nous nous mîmes aussitôt à prier pour lui, sachant que l'amour de Dieu est en toutes ses créatures. Tandis que nous projetions l'amour et la paix sur l'animal, il s'en fut et le photographe put descendre de son perchoir. C'était un Américain qui n'avait pas observé les instructions du guide.

Dieu est multimillionnaire

Au Grand Hôtel de Capetown, je bavardai avec un homme qui me confia : « Quand je voyage, je voyage comme un roi. Dieu est multimillionnaire. » Cette attitude me plut et je lui demandai de m'expliquer sa pensée.

[24] Rappelons que l'auteur est Irlando-Américain. N.T.

Il reprit : « Quand j'ai quitté l'Angleterre par avion, je me suis dit : « Cet avion est une idée de Dieu. Chacune des parties qui le composent est une idée de Dieu. D'autre part tous les êtres sont les bien-aimés de Dieu et je les aime aussi. La paix, l'abondance, l'amour, la joie et l'inspiration me font cortège tout au long du chemin. » Il répétait fréquemment ceci, jusqu'à ce que, par un processus d'osmose mentale et spirituelle, ces idées eussent pénétré dans les profondeurs de son esprit subconscient.

Cet homme fit un merveilleux voyage ! Bien qu'il fût tout à fait inconnu à Capetown, il eut des contacts du plus haut intérêt tant dans les affaires que dans les finances. De plus, il rencontra la femme de ses rêves et en tomba amoureux au point d'en perdre complètement l'appétit ! Il avait décrété que des messagers de la paix, de l'amour, de la joie et de l'abondance l'accompagnaient en tous lieux. « *Voici, j'enverrai mon messager et il préparera mes voies* » (Malachie 3 : 1). La prochaine fois que vous voyagerez, assurez-vous que vous êtes roi, vivant dans le royaume de Dieu, c'est-à-dire de tout bien. Tout le bien que vous souhaitez est ici même, il attend que vous le réclamiez.

Les pas à faire

Dans une maison privée d'Oslo, en Norvège, je parlai devant un groupe d'auditeurs. Un linguiste distingué me demanda : « Quels pas dois-je faire lorsque je crois absolument que ma prière est exaucée ? » La réponse à cette question est qu'*il sera contraint de faire les pas nécessaires à l'accomplissement de son désir*.

La loi du subconscient est coercitive. Les croyances subconscientes d'un homme dictent, contrôlent et gouvernent tous ses actes conscients. Vous n'avez pas à aider l'Intelligence infinie. Tout ce que vous faites automatiquement est fonction de votre croyance. Il se peut que vous pensiez faire quelque chose, en réalité toutes vos actions sont contrôlées, gouvernées par votre esprit subconscient. Vous avez le libre arbitre dans le choix de l'idée du désir ou du concept que vous voulez entretenir. Tandis que vous acceptez mentalement une idée en tant que réalité vivante, elle se manifeste dans votre univers.

Tout ce que vous faites, quoi qu'il vous arrive, tout est fonction de votre croyance. Lorsque vous acceptez quelque chose comme étant vrai, la sagesse subjective dirige automatiquement vos actes dans ce sens.

Il surveille l'île

Ayant terminé ma visite en Afrique du Sud, je pris l'avion à Johannesbourg pour me rendre à Perlt, en Australie occidentale, distante de 8000 miles, m'arrêtant à l'île Maurice et à l'île Coco. Cette dernière est petite et belle. Un Anglais me procura une noix de coco et me montra comment la briser afin d'en sucer le jus, qui est succulent. Il m'apprit pourquoi l'île n'est jamais inondée bien qu'elle soit au même niveau que la mer; c'est, me dit mon interlocuteur, que la sagesse supérieure de Dieu a créé tout autour de l'île un mur de protection avec les polypes de corail, mettant ainsi les habitants à l'abri. Nous voyons ici une des œuvres de cette Intelligence infinie qui veille sans cesse sur l'homme et sur ses autres créatures, comme sur ses créations.

Il fit fortune à Sydney

Mme Grace Aguilar et son mari, qui est chirurgien dentiste, font à Sydney des conférences sur la science spirituelle et sur le pouvoir de l'esprit subconscient. Ils sont infiniment aimables et bienveillants, ayant travaillé longtemps au service de l'Eternel. Je passai huit jours auprès d'eux, faisant des conférences l'après-midi et le soir.
Un homme d'affaires — parmi les plus importants de Sydney — me raconta comment, par la prière, il fit prospérer ses affaires au point d'amasser une fortune qui lui permit d'aider un grand nombre de personnes. Sa prière constante et unique était celle-ci : « Mon Dieu, montre-moi le moyen de rendre de plus grands services à l'humanité. » La sagesse divine lui répondit et cet homme est béni d'innombrables façons.

Morte depuis dix ans

Chaque fois que je fais une tournée mondiale de conférences, je ne manque jamais de m'arrêter à Perlt, en Australie. Dans cette ville, une jeune femme qui souffrait depuis des années de migraines, de sinusite, de maux d'estomac et de graves crises d'asthme, me demanda une consultation. Elle me fit un sordide récit de son amertume, de son hostilité allant jusqu'à la haine envers sa mère. Je lui demandai où celle-ci se trouvait; elle répondit : « Oh ! elle est morte depuis dix ans. » Sa mère avait légué son domaine à sa sœur qui habitait la Nouvelle-Zélande et, depuis tout ce temps, ma consultante s'était empoisonnée par la haine, mortel poison mental. Je lui expliquai ce que « *Pardonne-nous nos offenses comme nous pardonnons à ceux qui nous ont offensés* » (Matthieu 6 : 12) signifie. Je lui rappelai la parole de Jésus : « Pardonnez soixante-dix fois sept fois » (Matthieu 18 : 22), autrement dit : mille fois par jour, si c'est nécessaire.

Cette jeune femme comprit que sa mère avait agi selon ses lumières; elle avait fait ce qui, dans son état d'esprit, lui paraissait bien. Elle apprit aussi qu'il lui était nécessaire de prier pour sa mère afin de se bénir elle-même en la bénissant.

La prière enrichit toujours. La prière guérit les blessures du cœur, elle ferme la gueule des lions, elle met les armées en fuite, elle ouvre les portes des prisons. Elle change l'eau en vin et panse les cœurs brisés.

La jeune femme pleura abondamment, ce qui lui fit du bien et la libéra. Elle dit ensuite : « Que Dieu bénisse ma mère et que son amour soit toujours autour d'elle, où qu'elle soit. » Ce fut le baume dont elle avait besoin. L'esprit de Dieu parlait à travers elle, l'esprit de pardon, de bonne volonté et de compréhension. Ensemble nous priâmes pour sa mère, prenant conscience de ce qu'elle était entourée de lumière, de l'amour et de la vérité de Dieu, de ce qu'elle était illuminée, inspirée et de ce que la paix et la beauté de Dieu remplissaient son âme. C'est alors que l'amour divin se répandit dans le cœur de ma consultante et cette bénédiction la guérit. Jamais je ne vis se produire un aussi grand changement ! Une lumière apparut dans ses yeux, elle sourit et soudain tout sembla briller autour d'elle. Tous les symptômes de ses maux disparurent et elle s'écria : « Dieu est amour et je suis guérie ! » Elle avait senti l'amour de Dieu dont on a dit que c'est « un moment de l'éternité ».

Pardonnez soixante-dix fois sept fois. Prenons l'état de conscience de l'amour, de la bonne volonté et de la compréhension de nos fautes envers les autres. La cause des malaises de cette jeune personne était bien entendu un complexe de culpabilité accompagné de haine et de peur. Elle savait qu'elle n'aurait pas dû éprouver cette haine, ce qui lui donnait un sentiment de culpabilité aggravé de la peur d'être punie.

La peur contracte les délicates muqueuses que symbolise l'enveloppement de l'amour de Dieu. Quand cette jeune femme fit en son cœur place au pardon et emplit son âme d'amour, elle fut instantanément guérie.

L'épreuve qui sert de pierre de touche

L'amour libère, il donne, c'est l'esprit de Dieu. L'amour est la panacée universelle, il n'a ni hauteur ni profondeur, il ne vient ni ne part, il remplit tout l'espace. Il vous est facile de savoir si vous avez vraiment pardonné. Voici l'épreuve qui vous servira de pierre de touche : supposons qu'on vous apprenne une merveilleuse nouvelle au sujet de quelqu'un qui vous a fait du mal. Comment réagiriez-vous ? En seriez-vous mécontent ? Ou contrarié ? Préféreriez-vous apprendre le contraire ? Dans ce cas, vous n'avez pas pardonné, les racines de votre rancœur sont encore vives. Comme nous l'avons indiqué, vous les détruirez par la prière et par l'amour. Continuez jusqu'à ce que vous soyez capable de vous réjouir du bien qu'éprouve celui qui vous a nui. Vous devez vous réjouir de voir la loi de Dieu à l'œuvre pour chacun, quel qu'il soit, quoi qu'il fasse, où qu'il soit.

La chose la plus étrange

A Sydney, où je faisais une série de conférences, un étudiant me conta comment il avait pardonné à un homme envers qui il avait de la rancœur. Il avait été, me dit-il, profondément blessé par une lettre de son directeur général et s'était dit : « Cette fois, c'en est trop ! Je ne le supporterai pas ! » Il était plein de ressentiment, tout bouillant de colère et se disait encore : « Je ne peux pas pardonner ce qu'on m'a fait après tant d'années de fidèles services. »
Puis il tranquillisa son esprit et imagina que son directeur lui avait écrit une lettre louangeuse qui le satisfaisait en tous points, selon la règle d'or, la loi d'amour et de bonne volonté. En s'en réjouissant, il contempla les mots de cette lettre imaginaire et précisa : « Je fis cela chaque soir, lisant et relisant cette lettre et contemplant la signature de mon directeur général. » Au fur et à mesure qu'il agit ainsi, toute haine le quitta. Il me dit encore : « La chose la plus étrange se produisit ! » Le directeur lui adressa une lettre dans laquelle il le félicitait et lui donnait un avancement. Cette lettre était l'essence même de celle qu'il avait imaginée et sentie depuis plusieurs jours. Nous avons ici un exemple de la grande loi de substitution et de pardon. L'état de mauvais vouloir et d'hostilité est remplacé par celui de l'amour et de la bonne volonté.
Ce que fit cet homme, tout le monde peut le faire. Il imagina simplement avoir reçu la lettre à laquelle son cœur aspirait. Tandis qu'en son esprit il vivait cet événement, se réjouissant à cette lecture, son esprit subconscient projeta autour du directeur général un rayonnement d'amour qui l'obligea à répondre en conséquence. Donnant l'amour, vous recevez l'amour. « *Pardonnez et vous serez pardonné* » (Luc 6 : 37).

Immunisé contre les calamités

Il y a au Japon un splendide, un magnifique mouvement appelé Seicho-No-Le, ce qui signifie « La maison de la vie infinie ». C'est un mouvement qui a pour base l'étude des lois de l'esprit conscient et de l'esprit inconscient et qui est dirigé par une âme sainte et illuminée, le Dr Masahura Taniguchi, que l'on a appelé le Gandhi japonais. J'ai parlé à plusieurs reprises à son auditoire : 3000 étudiants étaient présents à chaque conférence. Il y a plus de 6 000 000 d'étudiants ontologistes au Japon. Les livres d'études sont imprimés en japonais et en anglais pour les Japonais-Américains ainsi que dans leur langue maternelle. Le Dr Taniguchi a traduit en japonais plusieurs de mes livres qui ont été très bien accueillis.

Dans un de ses ouvrages, le Dr Taniguchi cite plusieurs cas qui font preuve de la puissance du pardon, le fait de se donner à soi-même un nouveau concept de vie à la place de l'ancien concept matérialiste. Au cours d'une de ses conférences il parla d'une grave inondation qui avait eu lieu dans une des provinces et qui avait emporté plusieurs restaurants d'une certaine ville sauf le restaurant Hiragiya à Yase; cet établissement était le lieu de rencontre des étudiants de la science spirituelle et il demeura intact. Ceci résulta de l'attitude mentale des étudiants qui croyaient fermement qu'aucune calamité d'aucune sorte ne pouvait les atteindre, ni eux ni leurs biens. Le Dr Taniguchi enseigne à ses élèves qu'en dépit d'une calamité naturelle l'étudiant de la vérité, dont l'esprit est tourné vers la lumière, ne sera jamais touché par la catastrophe.

La pendule lui sauva-t-elle la vie ?

Le Dr Taniguchi cite à maintes reprises les Japonais qui échappèrent aux accidents de chemin de fer, aux inondations, aux tremblements de terre, aux désastres en mer. Un des cas les plus frappants est celui d'un de ses étudiants qui se rendit dans une certaine ville pour y prendre un bateau et qui fut indigné d'apprendre que, mal renseigné sur l'horaire, il arrivait avec vingt minutes de retard. Il était furieux et en voulait à l'employé qui l'avait mal orienté. Mais le bateau qu'il devait prendre entra en collision avec un autre et ce fut un désastre. En l'apprenant, dit le Dr Taniguchi, l'étudiant comprit qu'il avait été préservé par sa confiance en Dieu et il lui rendit grâce.

Une sagesse supérieure à l'œuvre

La Nouvelle-Zélande est un pays merveilleusement beau; ses Alpes occidentales, ses fjords, ses fertiles forêts, ses lacs enchanteurs, ses cascades égalent toutes les beautés du monde. Tout comme en Australie, on voit partout des milliers de moutons. Le leader du Centre de Science divine, M. Silcock, est un homme d'affaires éminent et il dirige une importante fabrique qui produit les plus beaux meubles de Nouvelle-Zélande. Il me conta comment il trouva la demeure qu'il possède au bord du lac. Il lut le Psaume 23 en ressentant profondément les paroles : « Notre maison est entourée de verts pâturages au bord des eaux tranquilles. »

C'est ainsi qu'il vit dans le pays du Psaume 23, au bord de vastes eaux calmes, au sein d'un merveilleux paysage. M. et Mme Silcock furent divinement conduits dans cet endroit enchanteur, ce qui vous montre que, pour bien des choses, on peut se servir de la sagesse des Psaumes. La Bible contient la sagesse des âges et, par la méditation et la prière, on peut en tirer de plus en plus de bénédictions. M. Silcock, tout occupé qu'il est par ses affaires, n'en consacre pas moins beaucoup de temps à faire des conférences, à écrire, à méditer.

Un de ses étudiants m'emmena voir la région thermale de la Nouvelle-Zélande ainsi que les villages maoris. La région thermale est fascinante. Les gens vivent près des geysers en éruption et de leur fumée sans éprouver la moindre crainte des tremblements de terre, bien que la région en ait subi. Les grottes Waitoms sont d'une incroyable beauté; le visiteur y prend une leçon au sujet des pouvoirs de l'esprit subconscient. « La grotte du ver luisant » est un des plus beaux sites de la Nouvelle-Zélande; le bateau qui y conduit est dirigé par des millions de petites lumières qui scintillent dans la sombre grotte. Le guide donne une explication très technique, très compliquée, de la raison pour laquelle ces vers luisent comme des étoiles, mais, ainsi que me le fit remarquer le penseur scientifique qui m'accompagnait : « Pourquoi ne dit-il pas : une sagesse subjective agit à travers le ver luisant, qui le fait rayonner de telle sorte que sa lumière attire les petits insectes dont il doit se nourrir pour vivre ? » Ces vers luisants sécrètent aussi une substance fibreuse et collante, semblable à de longs fils qui enserrent les insectes attirés par leur lumière. C'est ainsi qu'ils procèdent pour se nourrir.

Nous voyons là, une fois de plus, une sagesse qui dépasse l'entendement humain. Une des grottes est appelée « la Cathédrale », et c'est bien à cela qu'elle ressemble. A travers le sol l'eau s'est infiltrée pendant des milliers d'années, agissant sur des dépôts calcaires et sur d'autres roches pour en faire d'exquises formes ressemblant à des anges, à des églises et à d'autres édifices marmoréens qui témoignent de la beauté, de l'ordre, de la sagesse, de la symétrie et de la proportion naturelles aux manifestations physiques et chimiques qui élaborent ces grottes féeriques.

Une diseuse de bonne aventure japonaise

Alors que je faisais des conférences à Osaka, au Japon, un important marchand vint me voir; il était très effrayé car, me dit-il dans un anglais parfait : « La voyante m'a annoncé que, dans les trois prochains mois, j'aurais un grand échec dans mes affaires. » Cet homme s'était laissé impressionner au point d'abandonner son but : le succès, la prospérité pour lui-même, pour ses employés, pour son organisme. « Mais chacun est tenté quand il est attiré et amorcé par sa propre convoitise » (Jacques 1 : 4). Au lieu de demeurer fidèle à l'idée du succès, il voyait maintenant l'échec, entretenant dans son esprit des pensées de faillite. Il voyait son entreprise déjà fermée, son compte en banque épuisé... Vous comprenez comment opérait son imagination morbide. En fait, il faisait passer dans son esprit un film qui était une pure création personnelle, dépourvue de toute réalité. « Pourtant les affaires vont bien », me dit-il, mais il ajouta aussitôt : « Cela ne peut durer, cela ne durera pas ! »

Je lui expliquai que succès et faillite sont tout simplement deux idées entretenues par l'esprit. S'il méditait sur la faillite, ce serait naturellement la faillite qu'il s'attirerait. S'il imaginait la réussite, s'il se sentait né pour réussir, c'est le succès qu'il connaîtrait.

S'unir mentalement à l'idée du succès, sachant que vous invoquez une puissance subjective qui répond à votre pensée habituelle, c'est créer le succès.

Mon consultant comprit que ce qu'il redoutait n'existait que dans son propre esprit. De plus, il avait été influencé et impressionné par une suggestion hypnotique qui l'avait rendu morose, déprimé et découragé. Je passai une heure avec lui dans sa maison. Avant que je le quitte, il avait compris que le succès était du domaine de l'esprit et qu'il façonnait et formait sa destinée par sa pensée et par son sentiment.

La voyante qui l'avait assez fâcheusement tenté pour qu'il se détournât de son but n'avait aucun pouvoir et ne pouvait exercer sur ce commerçant aucune influence sans son consentement mental; il fallait qu'il acceptât la suggestion de crainte. Il eût pu tout aussi bien rejeter complètement la suggestion d'échec pour s'identifier à l'idée du succès et alors la fausse suggestion eût été sans effet.

« *Les ennemis d'un homme sont ceux de sa propre maison* » (Matthieu 10 : 36). La *maison,* c'est votre état d'esprit. Pour obtenir la victoire sur votre ennemi (votre pensée négative), il faut vous imaginer et sentir que vous êtes ce que vous voulez être. Restez fidèle à votre but, et il vous sera fait selon votre foi (votre attitude mentale). Lorsque vous priez, il faut que vous refusiez de céder aux pensées de crainte, de pénurie, de tentation. N'accordez pas votre attention mentale au doute, à l'anxiété ni au souci; autrement vous seriez tenté; si vous avez cédé en permettant à votre esprit de s'unir à ce qui est négatif, vous ne recevrez pas de réponse à votre prière.

Une Anglaise à Calcutta

A Calcutta, j'appris à une dame anglaise — qui m'a permis de parler d'elle, dans l'anonymat bien entendu — à se libérer d'un grave problème conjugal. On lui avait dit que son mari voyait fréquemment une Hindoue qu'il entretenait. Mariée depuis trente-neuf ans, cette dame avait de grands enfants. Elle était pleine de ressentiment et détestait l'autre femme.

Elle s'était détournée de l'amour, de la paix et de la bonne volonté de Dieu. Dans sa rage de vengeance elle avait oublié l'esprit de pardon. De plus, elle était malade. Son ressentiment et sa haine l'avaient conduite dans une impasse; ni Dieu, ni aucun « diable » supposé n'en étaient cause, puisque les seuls diables existant au monde sont les pensées négatives. Elle avait en elle le pouvoir de rejeter complètement de telles pensées, absolument indignes d'être sa nourriture mentale. Elle avait le pouvoir de commander à ses pensées, tout comme on donne des ordres à des employés pour qu'ils s'occupent, par exemple, d'une affaire ou d'une routine de travail.

J'exposai à cette dame ce que m'avait expliqué le commandant de bord de l'avion qui m'avait amené à Hong-Kong; à propos du maintien d'un avion sur sa ligne de vol, il m'avait montré les rayons lumineux et comment ils opèrent, puis il m'avait indiqué que l'avion, à cause du mauvais temps, était écarté de 15 miles de sa route mais qu'en quelques minutes il s'y retrouverait, continuant à travers le ciel à voyager en véhicule de Dieu, guidé par sa lumière. Ma consultante comprit qu'elle aussi avait quitté sa route, elle comprit la merveilleuse, la splendide vérité : elle pouvait à tout instant la reprendre. « *Voici ce que je fais, je laisse ce qui est derrière moi et me portant vers ce qui est devant moi je cours vers le but pour remporter le prix auquel Dieu m'a appelé d'en haut* » (Philippiens 3 : 13-14). Sortie de la route de la splendeur, de la lumière et de l'amour, cette dame allait à la dérive. Je lui dis qu'il fallait qu'elle voulût sincèrement pardonner et se remettre dans la bonne voie.

Il faut qu'il y ait une faim et une soif sincères de bien faire, c'est alors que nous sommes à 51 % au-dessus de la barrière et déjà sur la route de la paix de l'esprit. Le Psalmiste nous parle de ce vrai désir de transformation intérieure : « *Comme un cerf brâme après les eaux courantes, ainsi mon âme soupire après toi, ô Dieu* » (Psaume 42 : 1).

Ma consultante comprit. Elle prit la décision de se tracer une nouvelle route spirituelle. La solution fut simple; la prière fut sa réponse et la *prière*, c'est le fait d'accepter le don que Dieu nous a déjà fait. « *Tout don excellent et parfait descend d'en haut, du Père des lumières, en qui il n'y a ni changement ni ombre de variation.* » (Jacques 1 : 17).

« *Que tout homme soit prompt à écouter, lent à parler, lent à se mettre en colère* » (Jacques 1 : 19).

Soyez prompts à entendre les bonnes nouvelles, mais ne vous permettez pas de penser négativement, ne vous permettez pas de rester dans la colère. Rentrez immédiatement en vous-même et galvanisez-vous dans le sentiment d'être ce que vous aspirez à être.

Comment elle fut guérie

Voici comment cette dame réagit. Sur mes conseils, elle décida de bénir son mari. Quand vous bénissez quelqu'un, vous identifiez cette personne aux qualités et aux attributs divins et en elle vous restez fidèle à Dieu. Chaque personne que vous rencontrez est une incarnation de Dieu. Tout ce que vous avez à faire, c'est de comprendre que ce qui est vrai au sujet de Dieu est vrai au sujet d'autrui. Ma consultante pria et bénit sincèrement son époux en répétant fréquemment, avec tout le sentiment et tout l'amour dont elle était capable : « Mon mari est homme de Dieu. Ce qui est vrai pour Dieu est vrai au sujet de mon mari. Mon mari exprime l'amour l'harmonie et la paix de Dieu. Il est divinement dirigé et la lumière divine l'éclaire. Il n'y a entre nous que l'amour, la paix, l'harmonie divines. Je salue la divinité en lui. » Quand elle pensait à son époux et que des pensées de crainte, de souci ou de ressentiment lui venaient à l'esprit, elle se tournait immédiatement vers les vérités spirituelles, déclarant silencieusement : « Il est l'homme de Dieu et Dieu s'exprime à travers lui », ou toute autre vérité similaire.

Ce qui comptait, c'est qu'elle le pensait vraiment. Elle gardait son regard fixé sur la gloire de Dieu. Elle savait que celui qui persévère trouve la réponse et elle fut dévouée, loyale et fidèle envers son but, qui était l'harmonie et l'amour remplaçant la discorde et la confusion. Avec amour elle s'attacha mentalement et émotionnellement aux vérités de Dieu.

Je lui avais dit, au sujet de son mari, que tandis qu'elle donnerait son attention à ces vérités et y persévérerait, elle établirait en elle-même un état de conscience qui se matérialiserait en une expérience vécue. Tôt ou tard elle qualifierait sa propre conscience et atteindrait le comble de l'accomplissement ; c'est alors que viendrait la réponse. Elle ne devait pas un seul instant, lui recommandai-je, laisser errer son esprit vers de faux dieux car, ce faisant, elle se dépouillerait de sa force et de sa foi, annulant l'effet de sa prière.

Cette consécration absolue de l'âme à Dieu est essentielle. Il ne faut pas que la crainte, le doute, le souci et les autres concepts négatifs s'insinuent dans votre mentalité. Ce serait être tenté, détourné de votre véritable idéal, de votre but dans la vie. Il faut que vous soyez loyal envers cet idéal, ce but. C'est ce que fit cette dame. Restant loyale et fidèle à Dieu, elle pria sans cesse, c'est-à-dire qu'elle maintint la bonne attitude spirituelle en dépit de toutes les apparences, de tous les épisodes déplaisants, de toute attitude abusive. Elle savait que par la vérité elle vaincrait, et elle vainquit. Le troisième jour de ce valeureux combat, son mari, en rentrant, lui dit : « Voici un bracelet de diamants que j'allais donner à l'autre. Mais c'est toi que j'aime. » Et il lui demanda pardon, reconnaissant qu'il avait été parfaitement stupide.

Marqué pour la mort

Hong-Kong — dont le nom signifie Havre Parfumé — Hong-Kong, qui est à la fois si chinois et si anglais, est un pays de contrastes enchanteurs. Dans certaines parties de la ville des usages vieux de milliers d'années subsistent encore, ce qui démontre la puissance des concepts traditionnels et de l'atmosphère mentale. Les enfants, nous l'avons dit, grandissent à l'image et à la ressemblance de l'atmosphère qui domine à leur foyer. Hong-Kong, dans son ensemble, est une grande cité moderne d'une beauté spectaculaire. On y voit des collines d'émeraude et des baies de saphir. Y font escale des bateaux venus de tous les coins du monde. Il faut à présent que je vous parle d'un Chinois que j'y rencontrai.

J'achetai chez lui du tissu et je m'aperçus qu'il était extrêmement soucieux: il se trompa deux fois en me rendant la monnaie et en me donnant la marchandise. Je lui demandai ce qui n'allait pas bien pour lui et il me répondit : « Etes-vous un ministre ? »[25] A ma réponse affirmative, il

[25] C'est ainsi qu'on désigne en anglais tous ceux qui répandent la parole de Dieu et qui sont effectivement ce que ce terme désigne : des serviteurs de Dieu et des hommes. N.T.

enchaîna : « J'en ai eu conscience dès le moment où vous avez franchi la porte. » Cet homme avait grand-peur d'être abattu parce qu'il avait refusé de collaborer avec de mauvaises gens. Il prit une Bible, c'était une Bible anglaise. Il parlait un excellent anglais et il ouvrit le livre au chapitre 6 de l'Evangile selon Jean : *« Nul ne peut venir à moi, si le Père qui m'a envoyé, ne l'attire »* (Jean 6 : 44).

Je lui en donnai l'explication, qui est simplement celle-ci : Nulle manifestation, nulle expérience ne peut se produire dans notre vie sans que notre propre attitude mentale ne l'attire.

J'écrivis pour lui cette prière : « Il n'y a qu'une présence et une puissance. J'honore cette présence en mon cœur. Il n'y en a pas d'autre. Je sais maintenant que, sans ma permission, personne ne peut me nuire. A quiconque au monde je refuse de donner consentement mental ou permission de me faire du mal. Je ne donne aucune puissance ni aux conditions extérieures, ni à personne. Quant à tous ces hommes (les nommer) j'éprouve envers eux la paix, l'amour et l'harmonie de Dieu. Dieu est avec eux et il agit à travers eux. Je suis entouré de l'amour de Dieu, qui est une invincible armure. C'est merveilleux. Dieu est avec moi et tout est bien. » Je dis à cet homme de prier ainsi pendant un quart d'heure trois fois par jour afin que ces vérités pénétrassent bien sa subconscience; il trouverait ainsi la paix. Un peu plus tard je reçus de lui une aimable lettre; il me disait qu'il ne s'était jamais senti mieux de sa vie et que toute peur l'avait quitté. Il ajoutait en post-scriptum : « J'ai lu dans le journal d'hier soir qu'ils s'étaient tous noyés en mer ce matin. » Par la prière, il s'était délivré du mal, d'une imagerie mentale négative et de pensées de crainte.

La route royale

« ... *Nous suivions la route royale, sans nous détourner ni à droite ni à gauche...* » (Nombres 20 : 17).

Ma route est celle de Dieu et tous ses chemins sont agréables, toutes ses voies celles de la paix. Je voyage sous la direction de Dieu, conduit par son esprit sain. Ma route est la route royale des Anciens, la voie du milieu de Bouddha, la porte étroite et réservée de Jésus. Ma route est la route royale car je règne sur toutes mes pensées, sur tous mes sentiments, sur toutes mes émotions.

Afin qu'ils rendent mon chemin droit, joyeux, beau et heureux, je me fais précéder par mes messagers, l'amour, la paix, la lumière, la beauté de Dieu. Je voyage toujours sur la route royale, rencontrant partout où je vais les messagers de Dieu, la paix et la joie. Je vais par le chemin du sommet de

la montagne [26], sachant que si mes yeux sont fixés sur Dieu il n'y aura point de mal sur mon sentier.
Que je conduise une voiture ou que j'aille en train, en autobus, en avion, en bateau ou à pied, l'amour de Dieu m'entoure. Cet amour est une armure invincible et ainsi gardé je vais de lieu en lieu, librement, joyeusement, rempli d'amour envers tous. L'esprit de l'Eternel, Dieu, est en moi, avec lui tous les chemins sont des routes de paix, de beauté, d'harmonie, d'ordre divin. Comme cela est merveilleux !

Points essentiels

1. Chaque fois que vous voyagez, prenez conscience de ce que l'amour de Dieu vous précède et qu'ainsi votre route est droite, belle et joyeuse.

2. Un torticolis peut avoir pour origine le mauvais vouloir, un ressentiment profond.

3. Il y a toujours une solution à chaque problème. Faites appel à l'Intelligence infinie, vous aurez une réponse.

4. Quand l'homme dit qu'il n'y a pas d'issue, Dieu dit : « *Il y a une issue, il y a une réponse* ».

5. Des fortunes se perdent parce que les hommes ne savent pas prier afin de recevoir la direction divine et savoir convenablement agir.

6. Nul n'a de puissance sur vous, à moins que vous ne la lui donniez. *La puissance est dans vos pensées* et nulle part ailleurs.

7. Considérez Dieu comme votre Père aimant, vous vivrez une vie enchantée.

8. Si vous êtes souffrant, imaginez tout ce que vous feriez si vous étiez en parfaite santé; votre subconscient répondra en conséquence.

9. Les voies de Dieu sont insondables. Imaginez la fin que vous souhaitez par des moyens que vous ne savez pas et votre subconscient vous la donnera.

10. Vous êtes un roi en ce sens que vous devez régner absolument sur vos pensées, vos sentiments, vos réactions.

[26] **Dans la Bible les montagnes symbolisent les plus hauts lieux de la conscience. N.T.**

11. Tandis que vous voyagez dans la conscience de l'amour de Dieu, vous ferez de merveilleuses expériences.

12. Les croyances subconscientes de l'homme dictent, maîtrisent et gouvernent toutes ses actions conscientes.

13. Une Intelligence infinie veille sans cesse sur l'homme et sur toute sa création.

14. Voulez-vous la réussite et la prospérité ? Voici votre prière la plus puissante : « Mon Dieu, montre-moi comment rendre un plus grand service à l'humanité. »

15. Pour guérir vraiment et durablement il faut acquérir un esprit de pardon et de bonne volonté.

16. La pierre de touche du pardon, c'est sentir qu'il n'y a plus de *douleur* dans la mémoire.

17. Lorsque votre esprit est tourné vers Dieu et vers son amour, vous êtes toujours protégé.

18. Le succès et la faillite sont deux idées. Imaginez-vous prospère, sentez que vous l'êtes, votre succès est certain.

19. Prier, c'est accepter le don de Dieu. Galvanisez-vous par le sentiment d'être ce que vous aspirez à être.

20. Vos ennemis (la crainte, le doute, la haine) sont de votre maison (votre esprit).

21. Ayez toujours au cœur l'amour de Dieu et la foi en Dieu, toute crainte vous quittera. Quand elle frappe à votre porte, laissez la foi en Dieu lui ouvrir — il n'y aura plus personne.

Achevé d'imprimer
le 20.7.89
par Printer Industria
Gráfica S.A.
08620 Sant Vicenç dels Horts 1989
Depósito Legal B. 12360-1989
Pour le compte de
France Loisirs
123, Boulevard de Grenelle,
Paris

Numéro d'éditeur : 15571
Dépôt légal : juillet 1989
Imprimé en Espagne